困境与破解

重新认识青春期

张璇 著

机械工业出版社

青春期是心灵塑造的关键时期，消极的自我认知是孩子心灵发展的桎梏，制约和扭曲着他们的行动力、自我发展和潜能挖掘。作者在十几年的青少年心理辅导中深入孩子的内心世界，探悉到当下教育环境中青春期孩子的十类自我认知困扰，本书描述了这十类典型的青春期消极自我认知的心灵困扰与识别信号，并将问题作为青春期心灵调整的切入点，为破解困境开出了积极处方。

本书是一本实用有效的积极心灵成长手册，希望可以为父母解锁青春期孩子的内心世界提供一个新视角，助力孩子破解青春期困境，积蓄积极心理发展的力量。

图书在版编目（CIP）数据

困境与破解：重新认识青春期/张璇著．—北京：机械工业出版社，2021.7
ISBN 978-7-111-68792-4

Ⅰ.①困… Ⅱ.①张… Ⅲ.①青春期–健康教育 Ⅳ.① G479

中国版本图书馆CIP数据核字（2021）第149701号

机械工业出版社（北京市百万庄大街22号　邮政编码100037）
策划编辑：徐曙宁　仇俊霞　　责任编辑：徐曙宁　仇俊霞
责任校对：赵　燕　　　　　　责任印制：李　昂
北京联兴盛业印刷股份有限公司印刷

2022年1月第1版第1次印刷
145mm×210mm・8印张・1插页・136千字
标准书号：ISBN 978-7-111-68792-4
定价：69.80元

电话服务　　　　　　　　　　网络服务
客服电话：010-88361066　　　机　工　官　网：www.cmpbook.com
　　　　　010-88379833　　　机　工　官　博：weibo.com/cmp1952
　　　　　010-68326294　　　金　书　网：www.golden-book.com
封底无防伪标均为盗版　　　机工教育服务网：www.cmpedu.com

读懂青春期的"叛逆"与成长

初识张璇,是她邀请我去她们学校做新生讲座时,那时她刚大学毕业到高校工作。若不是她迎出来主动跟我打招呼,看着那张挂满笑容的娃娃脸,我还以为她是派来接我的学生助理呢。今天我读到她的这部书稿时,时光已过去了十几年。我感动于张璇这些年在高校心理咨询领域中的不断学习和实践,如今她已经成为一名咨询经验颇丰的优秀心理学教师。

张璇的这本《困境与破解——重新认识青春期》,是一部运用心理学知识,破解青春期孩子"叛逆"的心理困境,帮助孩子迈向成长的心理学著作。

"叛逆"是青春期的心理特点,本是孩子从少年迈向成年,挣脱父母怀抱,自我成长的心理变化。然而,由于孩子对自己这个时期的生理、心理上的变化还不适应，他们中的有些人会出现各种心理上的困扰和行为上的偏差。而且他们的父母由于缺少相关的心理学知识，不仅对孩子缺少理解，甚至还会和他们发生冲突。这些冲突又进一步加剧了孩子的"叛逆"。因此，青春期的孩子和他们的父母都易产生迷茫、困惑、焦虑的心理。

张璇十多年来在和青春期孩子的心理沟通中，倾听孩子的心声，从孩子"叛逆"与"问题"行为的背后，从他们看似冷漠、孤独、痛苦、慌张的情绪困扰的背后，看到了孩子渴求成长，渴求被看到、被理解、被肯定、被尊重的心理需求；也从父母的焦灼中看到了他们渴求了解孩子、盼望孩子健康成长的深切的爱。基于以上需求，这本书给我们提供了一个重新认识青春期的视角，将问题作为青春期心灵调整的切入点，为破解孩子的成长困境开出了积极的心理处方。

这本书提供的相关心理学知识通俗易懂，针对性很强。书中结合青少年"叛逆"的具体事例，给出了识别各种不适应行为背后的不恰当的认知信号，对其进行了深入的心理分析，并在此基础上提出了解决问题的积极处方。另外，相比于同类书，本书还有一个特点，在分析孩子认知误区的同时，还分析了父母常见的认知误区，以帮助父母转变对孩子的认识，增进对孩子的理解，实现父母与孩子的共同成长。

读到她书中这些娓娓道来的温润文字，我仿佛看到了一位温柔的知心老师和一群既充满活力又"叛逆"的孩子在亲切地谈心；我也仿佛看到一位善解人意的咨询师与那些青春期孩子的父母在促膝交谈。我认为这本书是父母及广大青少年工作者（教师、心理咨询师）都应该阅读的一本好书，也是青春期孩子自我成长的一本心理指南。我在此特别推荐给大家。

蔺桂瑞
首都师范大学教授
北京高教学会心理咨询研究会名誉会长
北京大学、中央财经大学等全国23所大学的
心理健康教育顾问、客座教授
北京西城区、石景山区、密云区
教委心理健康教育顾问
2020年12月10日

自序

为父母提供一把解锁青春期的钥匙

"叛逆"似乎成了所有青春期问题的标签。什么是叛逆？是对抗反叛、特立独行、堕落另类？当我们揭开"叛逆"这个标签时，会看见困扰孩子的种种困境，而在每一种困境背后都隐藏着青春期孩子独特而又具有共性的情感密码。只有读懂青春期孩子真实多样的内心，才能真正破解青春期困境。

和青春期孩子们心与心相交的十多年来，我无数次在看似冷漠、孤独、痛苦、慌张的表象背后看到孩子柔软而敏感的内心。他们无一例外地渴求着理解、安慰、肯定和真诚的爱。叛逆乖张的孩子，会在一通无所畏惧的言语之后，弱弱地说一声："我也想好好说话啊，有人听吗？听得懂吗？"冷漠无感的孩子也会说："谁天生不想有人陪，被人疼呢？"当和他们心与心对话时，我会在孩子或冷静或激愤地叙述自己的成长历程中，看到、听到他们印刻于心的生活片断和情绪感受。这些生活片段早已经被人遗忘，或者细微到根本没有被人注意过，但是它们却是孩子内心出现裂痕的开始，在青春期独特的情感体验和漫溢的自我想象熄火之后，逐渐成为他们内在的认知困扰。在表现各异的行为、情绪和学业问题背后，这些认知困扰无形中发挥着指挥棒的巨大作用。这些消极的自我认知是孩子积极心灵发展的桎梏，制约和扭曲着他们的行动力、自我发展和潜能挖掘。

认知不是念头，也不是想法，它们不能被孩子自动识别，养育者和教育者也很难自发关注到。其实，这些"背后推手"并不深奥，它们并不是零散随机的，我们可以从孩子外在的行为和情绪表现中识别，并归类到某些类别中。通过恰当地了解、学习和实践，我们能够准确地识别和改变它们。让这个造成孩子行为和情绪困扰的"背后推手"现形，让更多人了解和读懂这些困扰，正是我写作本书的初衷。

本书所讲述的青春期认知困扰，是在现在的教育环境下大多数孩子经历青春期心理发展的变革期和敏感期所普遍遇到的认知困扰。每个孩子由于成长经历、教养环境和个性特征的差异，可能持有某一类或几类认知困扰，其困

困境与破解

扰程度也各有差异。父母可以通过这本书获得一个重新认识青春期的视角，将问题作为青春期心灵调整的切入点，为破解困境开出积极处方。父母在阅读本书时，可以根据每一章认知困扰的"问题扫描""识别信号""解读内心最强音""心灵困扰"来进行识别和剖析，通过积极处方和转变要点，以及心灵转变手账，对孩子的认知困扰进行循序渐进的调整和改变。

青春期是孩子从儿童走向成人的过渡期，孩子的个性和世界观逐渐形成，心灵发展尚待成熟，充满了新的潜能、挑战和矛盾。每一个孩子都在尝试了解自己是什么样的人，并形成对自我的内在认知。"青春期的个性结构中没有稳固的、永恒的和不动的东西，其中所有的东西都在过渡，所有的都在流动"[1]，青春期是孩子心灵塑造的最好时期。过渡期孩子所出现的行为和情绪问题，为孩子心灵塑造提供了契机和切入点。青春期孩子尚待成形的心灵和身体一样，欢迎使自我变得更好的改变和调整——一旦过了这个阶段孩子的这些调整和改变就会变得困难。因此，父母需要把握住这个最佳时机。

青春期不是一个谜，我们揭开其表面肤浅和笼统的标签，准确把脉，就能听懂孩子的心声。希望这本积极心灵手册，能为父母解锁青春期孩子内心世界的密码提供一个新视角，助力孩子破解青春期困境，让孩子的心灵朝着富有活力的方向健康成长。

　　父母读懂孩子的困扰，就能更好地陪伴孩子成长。愿每一个孩子都能被温柔以待，愿父母的每一次对待都恰到好处。

张　璇
2021 年 3 月

推荐序　读懂青春期的"叛逆"与成长
自　序　为父母提供一把解锁青春期的钥匙

引　言　**听懂心声，破解困境** / 001

第一章 | **黑白型自我认知困扰**
　　　　结果总是非黑即白

STEP 1　**识别"黑白型自我认知"** / 013
　　　　信号一：做事忽冷忽热 / 013
　　　　信号二：急躁易怒 / 013
　　　　信号三：虎头蛇尾 / 014

STEP 2　**解读"黑白型自我认知"** / 016
　　　　内心最强音一：结果只有好和坏两极 / 016
　　　　内心最强音二：没有第二选择 / 016
　　　　内心最强音三：拒绝修正和调整 / 016

STEP 3　**探析"黑白型自我认知"** / 018
　　　　心灵困扰一：拖延行为 / 018
　　　　心灵困扰二：暴躁情绪 / 018
　　　　心灵困扰三：频繁体验失败 / 019

STEP 4 破解"黑白型自我认知" / 019

积极处方一:破除结果导向 / 019

积极处方二:发现过程的价值 / 021

积极处方三:让孩子感受中间状态 / 022

STEP 5 "黑白型自我认知"的转变要点 / 023

延伸内容　父母养育误区:全能型优才 / 027

第二章 | 缺陷型自我认知困扰
我总是做不好

STEP 1 识别"缺陷型自我认知" / 038

信号一:想法多变 / 038

信号二:自卑自责 / 038

信号三:纠结细节 / 040

STEP 2 解读"缺陷型自我认知" / 041

内心最强音一:出现问题都是我的原因 / 041

内心最强音二:我原本能够做得更好 / 042

内心最强音三:修正错误永无止境 / 042

内心最强音四:我存在缺陷 / 043

STEP 3 探析"缺陷型自我认知" / 044

心灵困扰一:缺乏决断力 / 044

心灵困扰二:自我否定 / 044

心灵困扰三:改变的行动力受阻 / 045

XI

STEP 4 破解"缺陷型自我认知" / 045

积极处方一：宽容和滋养的养育环境 / 045

积极处方二：客观弹性的评价视角 / 046

STEP 5 "缺陷型自我认知"的转变要点 / 049

第三章 | 木偶型自我认知困扰
我当然只能听他们的

STEP 1 识别"木偶型自我认知" / 060

信号一：人云亦云 / 060

信号二：逃避责任 / 060

信号三：反叛和对抗 / 061

STEP 2 解读"木偶型自我认知" / 061

内心最强音一：听他们的才能避免出错 / 061

内心最强音二：我没有选择的能力 / 062

内心最强音三：承担结果很难 / 063

STEP 3 探析"木偶型自我认知" / 064

心灵困扰一：主动性受阻 / 064

心灵困扰二：过分依赖和缺乏适应力 / 065

心灵困扰三：烦闷和亲子冲突 / 065

STEP 4 破解"木偶型自我认知" / 066

积极处方一：尊重孩子，包容孩子的不成熟 / 066

积极处方二：鼓励孩子适当尝试，不惧怕失败 / 067

积极处方三：父母的角色从主导者转变为引导者 / 068

STEP 5 "木偶型自我认知"的转变要点 / 069

延伸内容　父母养育误区：最优化导航 / 073

第四章 | 比较型自我认知困扰
没有比较，我不知道我是谁

STEP 1 识别"比较型自我认知" / 082

信号一：沉默的观察者 / 082

信号二：双重标准 / 082

STEP 2 解读"比较型自我认知" / 083

内心最强音一：与他人比较才能定位自己 / 083

内心最强音二：他人是优势集合体 / 084

STEP 3 探析"比较型自我认知" / 085

心灵困扰一：优越感和行动力受损 / 085

心灵困扰二：习得性无助 / 085

心灵困扰三：嫉妒心理 / 086

STEP 4 破解"比较型自我认知" / 086

积极处方一：
从榜样教育转变为引导孩子发现自我 / 086

STEP 5

积极处方二：
从抢占有限资源转变为匹配适合资源 / 088

"比较型自我认知"的转变要点 / 090

延伸内容　父母养育误区：完美型榜样 / 094

第五章 | 海绵型自我认知困扰
我的感受不重要

STEP 1

识别"海绵型自我认知" / 103
信号一：情感淡漠 / 103
信号二：沟通困难 / 103
信号三：躯体疾病 / 104

STEP 2

解读"海绵型自我认知" / 104
内心最强音一：我的情绪会带来麻烦 / 104
内心最强音二：他人的情绪和感受要全盘接受 / 105
内心最强音三：我说了也没有用 / 105

STEP 3

探析"海绵型自我认知" / 106
心灵困扰一：情绪压抑 / 106
心灵困扰二：人际困扰 / 106

STEP 4

破解"海绵型自我认知" / 107
积极处方一：重新构建与孩子的情感通道 / 107
积极处方二：学会划分情绪界限 / 108
积极处方三：打破专制型教养方式 / 108

STEP 5 "海绵型自我认知"的转变要点 / 109

延伸内容　父母养育误区：情绪绝缘体 / 113

第六章 | 鸿毛型自我认知困扰
　　　 | 我没有价值

STEP 1 识别"鸿毛型自我认知" / 122
信号一：自我否定 / 122
信号二：挑剔他人 / 123
信号三：追求成绩 / 123

STEP 2 解读"鸿毛型自我认知" / 125
内心最强音一：没有人真正喜欢我 / 125
内心最强音二：价值是外在的 / 125
内心最强音三：优点都是"怪物" / 126

STEP 3 探析"鸿毛型自我认知" / 126
心灵困扰一：羞耻感体验 / 126
心灵困扰二：情绪抑郁 / 127
心灵困扰三：自我厌弃 / 127

STEP 4 破解"鸿毛型自我认知" / 129
积极处方一：为孩子重新赋值 / 129
积极处方二：帮助孩子排除同伴困扰 / 130
积极处方三：破除社会偏见对孩子的影响 / 131

STEP 5 "鸿毛型自我认知"的转变要点 / 132

第七章 筹码型自我认知困扰
爱是有条件的

STEP 1 识别"筹码型自我认知" / 141
信号一:报喜不报忧 / 141
信号二:渴求表扬 / 142
信号三:不安全感 / 142

STEP 2 解读"筹码型自我认知" / 143
内心最强音一:被爱是因为我表现好 / 143
内心最强音二:没有人会接受不好的我 / 144
内心最强音三:爱是抢夺获取的资源 / 144

STEP 3 探析"筹码型自我认知" / 145
心灵困扰一:爱的匮乏感 / 145
心灵困扰二:患得患失的焦虑 / 145
心灵困扰三:对爱的误解 / 146

STEP 4 破解"筹码型自我认知" / 148
积极处方一:切断爱与奖励之间的交换关系 / 148
积极处方二:使用正确的方式表达爱 / 149

STEP 5 "筹码型自我认知"的转变要点 / 151

延伸内容 父母养育误区:成功独木桥 / 155

第八章 | 陀螺型自我认知困扰
努力投入就能得到我要的一切

STEP 1 识别"陀螺型自我认知" / 167
信号一：偏执孤行 / 167
信号二：否认失败和不确定性 / 168

STEP 2 解读"陀螺型自我认知" / 169
内心最强音一：投入就能得到一切 / 169
内心最强音二：我可以掌控环境 / 169
内心最强音三：回避失败 / 170

STEP 3 探析"陀螺型自我认知" / 171
心灵困扰一：适应变化困难 / 171
心灵困扰二：发展受限，缺少灵活性 / 171
心灵困扰三：盲目耗散心力 / 172

STEP 4 破解"陀螺型自我认知" / 172
积极处方一：破除孩子的无效努力 / 172
积极处方二：帮助孩子接纳不确定性 / 173
积极处方三：避免给予孩子泛化的肯定 / 173

STEP 5 "陀螺型自我认知"的转变要点 / 176

第九章 退缩型自我认知困扰
躲起来是最简单的方式

STEP 1
识别"退缩型自我认知" / 184
信号一：逃避行为 / 184
信号二：拖延行为 / 184

STEP 2
解读"退缩型自我认知" / 185
内心最强音一：躲避比行动更简单 / 185
内心最强音二：面对问题和压力的无力感 / 186
内心最强音三：缺乏解决问题的办法 / 186

STEP 3
探析"退缩型自我认知" / 187
心灵困扰一：不能应对压力和困境 / 187
心灵困扰二：出现因回避压力而导致的行为问题 / 187
心灵困扰三：出现抑郁等心理异常状况 / 188

STEP 4
破解"退缩型自我认知" / 188
积极处方一：打破对孩子的过度保护和防备 / 188
积极处方二：引导孩子从解决小问题开始 / 189
积极处方三：积累解决问题的成功经验 / 189

STEP 5
"退缩型自我认知"的转变要点 / 190

第十章 黑洞型自我认知困扰
恐惧如影随形

STEP 1 识别"黑洞型自我认知" / 202
信号一：突然的特殊习惯和行为改变 / 202
信号二：应激身心反应 / 203

STEP 2 解读"黑洞型自我认知" / 203
内心最强音一：恐惧不可言说 / 203
内心最强音二：改变的无力感 / 204

STEP 3 探析"黑洞型自我认知" / 205
心灵困扰一：隐性破坏者 / 205
心灵困扰二：难以对抗的力量 / 205

STEP 4 破解"黑洞型自我认知" / 206
积极处方一：为孩子提供正确的生命教育 / 206
积极处方二：帮助孩子处理重大创伤 / 206
积极处方三：正确解读孩子的行为 / 207

STEP 5 "黑洞型自我认知"的转变要点 / 208

参考文献 / 211

引言

听懂心声，破解困境

国内领先的心理服务平台"简单心理"发布的《2020大众心理健康洞察报告》数据显示，在调查对象为我国12~18岁，就读年级为初一到高三的20690位青少年中，22.85%的青少年有过抑郁情绪感受；37.97%的青少年表示不愿上学的原因是担心考试成绩不好；37.23%的青少年表示其压力程度在中等以上，占比最高的压力来源是考试压力，超过1/3的初中生表示父母管教太严、期望太高会给自己带来压力。

北京大学第六医院儿童病房主任、儿童心理卫生中心副主任曹庆久给出了一组数字：2010年12月，住该院儿童病房的病人中，抑郁症的比例是23%，平均年龄14.3岁；2015年12月，这两个数字分别是45.7%和13.8岁；

2019年12月,这两个数字为66.7%和13.6岁。从数字上看,10年来儿童病房的病人中抑郁症的比例提高了43.7%,平均年龄下降了0.7岁[2]。

我国2020年心理健康蓝皮书《中国国民心理健康发展报告(2019~2020)》显示,2020年青少年的抑郁检出率为24.6%,初中阶段的抑郁检出率约为3成,重度抑郁检出率为7.6%~8.6%,高中阶段的抑郁检出率接近4成,重度抑郁检出率为10.9%~12.5%[3]。针对2008年1月至2020年3月关于我国青少年心理亚健康状态检出率文献的Meta分析,青少年心理亚健康状态检出率为15.50%,分析显示我国青少年心理亚健康状态高中生的检出率最高(18.99%),初中生居中(14.03%),大学生检出率最低(9.52%)。2016~2020年检出率最高(16.75%),2011~2015年检出率居中(16.38%),2008~2010年检出率最低(11.46%)[4]。

另外,通过43项有关心理健康变迁的横断研究发现,初中生和高中生的心理健康水平20余年里呈现下降趋势,躯体化、焦虑等心理问题比较突出[5]。青春期孩子心理问题比例大幅提高和年龄日趋下降的背后,是越来越多的青少年面临情绪和行为等心理困扰的真实现状。

青春期孩子的身体和心灵进入急速发育阶段,从身体特征到生理机能、从兴趣到心理机能、从自我认知到思维能力，呈现出完全异于儿童的新的个性结构和心灵发展特征，美国著名教育心理学家罗伯特·斯莱文把这种大变化称为心理上的大革命。青春期是个体身心快速发展的阶段，普遍具有心理状态不稳定、认知结构不完备、生理成熟与心理发展不同步、对社会和家庭既叛逆又依赖、成就感与挫折感交替等心理特征。大多数青春期孩子都曾感到过混乱、悲观和自尊波动。

通常，我们认为造成青春期孩子情绪和行为问题的原因包括家庭、学校和社会多个层面的因素，但是这些因素是如何影响孩子，并最终导致他们的情绪困扰、行为和心理问题的产生的呢？

美国心理学家阿尔伯特·艾利斯提出，**认知和信念是孩子情绪和行为背后的诱因**，自我内在认知和信念在孩子加工信息以及与周围世界的互动中起着核心作用。孩子早期的学习经验，以及与父母和环境互动中的不良经验可能会使其形成一些不合逻辑的非理性信念。面对同样的生活事件，孩子所持有的信念和认知不同，就会产生不同的情绪反应和行为表现。当孩子持有非理性信念时，容易产生强烈的负性情绪体验和应对行为。通常情况下，父母容易看到孩子的问题行为，但是不易察觉其背后造成困扰的认知和信念。父母要了解青春期孩子情绪和行为困扰的本质，破解青春期的困境，就应该把焦点放在了解引发孩子困扰的内在认知和信念上，并帮助孩子调整它们。

青春期孩子开始发展抽象思维能力，逐步形成抽象的自我概念和内在认知，这个时期正是内在认知，特别是关于自我认知的形成期。他们开始具有自我发展的敏感所导致的反省和沉思，孩子探索着自己前进的道路，无意识地逐渐形成自己的认知和行为策略来适应环境与自我的改变，并基于经验和情感体验调整和固化自我认知。

这些认知可能是积极的、消极的、片面的，或者偏激的，它们藏匿在孩子行为的背后，不易被人觉察，同环境一起作用，从而发挥特殊的力量。孩子自己不能清楚、客观地意识到这些逐渐形成的认知，而它们却深刻影响着孩子的情绪感受和行为方式，并由此形成一些特别的行为策略和持久的性格倾向。

要帮助孩子解决青春期普遍存在的情绪困扰和心理困惑，我们必须要知道孩子关于自我的认知是什么样，是否存在困扰自我的认知，这些认知是如何形成的，以及如何在生活中调整这些认知。

在下面这些孩子谈论自己的描述里就隐藏着他们正在形成的消极自我认知。找到它们，才能真正解决青春期孩子的情绪困扰和行为问题。

我每天都在比较，每节课、每天、每周都在和别人比。我知道这样不好，但是我还是会去比较，好像这样我才知道我什么样。发现自己比不上别人时，我就会很沮丧。

——小 A

总是想证明自己，怎么知道自己到底什么样呢？只能和身边的人比。这样我才能知道自己在哪里。离开了这种比较，我就感觉不到自己的存在了。可是比较会让我觉得好累，时刻紧绷着。

——小 B

我总是做得不够好——其实是我妈妈总是觉得我做得不够好。她对我所取得的成绩都不满意，我不知道怎么才能让她满意。我不管怎么做，都达不到她的要求。

——小 C

我总是不能做到最好，父母期待我总是最好的那一个。我总会有毛病，无法达到他们最满意的样子。

——小 D

他们只会看结果，却从不会在意过程中的我有多困难。

——小 E

困境与破解

　　那次考试我答得很差，一出考场就哭了。我怕父母责备，想憋着，但是看到他们的时候还是没忍住。我想得到安慰，想要个拥抱，而父母的嫌弃和责备让我更加难过。那一天是阴天，风不大，我的脸上未干的泪滴在了心里。后来，我不再期望得到他们的宽慰，再困难也不能跟他们说，我的感受他们看不到。

——小 F

　　我总是不够好。说出一句话，我会想有没有说错，有没有伤害到别人；和别人有矛盾我就会自我反省，没有错也要挑出错来；看到成绩单，我第一个念头是拿了这个成绩的自己有没有达到父母的期望。

——小 G

　　我也清楚很多情况下已经受到老师、同学的肯定了，但是我仍然会觉得他们是在安慰我，其实我没有那么好。我觉得厉害的人太多了，自己只是很小的一粒尘埃。我从来没有非常自信地面对他人做一件事，怕被别人发现其实我很一般。别人的夸奖我不相信，别人的批评我会放得很大，总觉得自己低人一等。我需要不断获得成绩来巩固自己很薄弱的自信，取得很多的成绩，也只是说明我还不是太差。

——小 H

我身边总是充斥着很优秀的人，学习好的、情商高的、想象力丰富的、讨人喜欢的，而我只是千万平凡人中的一个，纵使周围的人也是平凡人中的一个，但他们有各自的闪光点，而我没有。我没有能让人注意到的地方，没有能让自己从人群中脱颖而出的地方，是一个只要一离开，别人就不会记起我的人。

——小 I

努力就能得到一切，这个念头让我很用力，用力到焦虑、失眠、抑郁，安眠药都无法使我入睡。

——小 J

问题扫描：为什么不能坚持？

孩子做事情忽冷忽热、虎头蛇尾。父母总认为孩子不够坚持，缺乏恒心，于是反复提醒他们"你要坚持""坚持很重要""坚持才能成功"；或是采用激将法，"你做什么事情都没有恒心，肯定一事无成""虎头蛇尾，什么也做不好"。但是这样的提醒和督促丝毫不见成效，可能还会激起孩子的急躁情绪。

孩子当然知道坚持很重要，他们内心比父母更急于希望自己能够坚持下去。那是什么让孩子不能坚持？他们遇到了什么障碍？本章内容能够帮助父母从新的角度理解孩子，破除没有恒心的绊脚石。

第一章 黑白型自我认知困扰 结果总是非黑即白

- 识别"黑白型自我认知"
- 解读"黑白型自我认知"
- 探析"黑白型自我认知"
- 破解"黑白型自我认知"
- "黑白型自我认知"的转变要点

延伸内容　父母养育误区：全能型优才

困境与破解

> 故事片断

搞砸的完美学期

还有一周就要开学了,小宇开始忙碌起来。每天吃晚饭的时候,小宇都饶有兴致地和父母谈论自己新学期的打算。新学期小宇就要上高一了,他踌躇满志地要在高中阶段好好投入时间和精力,在学习上有一番作为。

小宇让妈妈给他在校外机构报了数学、物理和化学课后培训班,自己在网上买了一整套复习资料,精心挑选了经典课外读物,还报名参加英语考试,并在自己新学期的日程安排中特别安排了每天30分钟的跑步时间。小宇将书桌收拾整齐,把写着"新学期,新开始。加油!"的纸条贴到墙上显眼的位置,把每日安排也详细列出来,一并贴到墙上。小宇告诉父母,这个学期他要好好利用时间,创造个完美学期。

新学期开始了,小宇开始几天的状态都不错,学习很有劲头。可刚过了两周,小宇的热情突然就熄火了。他回到家无精打采,也不愿意去上报名的培训课程,晚上和周末都花很多时间玩手机。爸爸问小宇发生了什么,小宇说:

"我彻底放弃了，不可能有什么完美学期了。上周五我们班里测验，我物理、数学和英语都没考好。这个学期彻底砸了。"

小宇的父母不理解为什么小宇前后变化这么大？做事情总是虎头蛇尾，难道仅仅是因为一次考试吗？

"99 分等于 0 分"

小丸是个干净清爽的女生，她的父母说小丸一直很乖，学习上基本不让他们操心。小丸上了高中后，明显感觉学业负担比初中重，自己每天都像个斗士一样。可刚上一个学期，小丸就开始出现失眠情况了。

小丸："我不可以让自己停下来，每天都要安排得很满。"

老师："那每天都很忙吧？"

小丸："是啊，我总想着要把每件事情都做好，但是总是担心，担心课不能学好，也担心自己班长的工作不能做好，还担心社团活动搞得不成功……"

老师："每件事情都要做好，做好是什么样？"

小丸："就是每一件事情都要做到完美，每一门课都要学到最好，每一件事情都要做到最好。"

老师："什么样能称为完美？"

小丸："……100分吧。"

老师："每一件事情都要做到100分？"

小丸："对啊，作业、活动、工作，所有的事情我都想自己能做到最好。"

老师："如果做不到完美，做不到最好呢？"

小丸："做不到完美？我想想……"

老师："做不到100分，会怎么样？"

小丸："我好像不太允许自己这么想。"

老师："不允许自己做到80分？"

小丸："好像是的，我觉得一件事要么做到100分，否则就砸了。"

老师："不是100分就意味着搞砸了？"

小丸："对啊，搞砸了就是一塌糊涂吧，0分……好像是的。"

老师："没有中间状态？"

小丸："好像没有。"

这段对话之后，小丸很是惊讶于自己的想法，细想想，又觉得再正常不过了。在小丸的判断体系中，一件事情只有100分和0分两极。所以她对自己的感受也是像坐过山车一样变化。当事情多一些时，自己就会特别焦虑，整个人都处于高度紧绷的状态，一点弹性都没有。

STEP 1　识别"黑白型自我认知"

信号一：做事忽冷忽热

持有黑白型自我认知的孩子在行动上常表现出忽冷忽热。前一天热情高涨的事情，第二天就搁置不理了。一个在孩子嘴里"完美到让人激动"的计划，很快就被束之高阁，再也不去碰了。信誓旦旦的新学期计划和准备，执行初期很完美，一旦某天因为突发状况或者临时变动，干扰了计划的执行，计划就会被彻底搁置。这种行为有时候会被误认为是缺少恒心和毅力而不能坚持，实际上是认知困扰在捣乱，过程中小小的改变和扰动会让孩子断定这个计划"已经做不到 100 分"。

信号二：急躁易怒

一件事情从开始到结束，孩子总是希望越快越好，能按照自己的预期快速推进，避免行动过程中出现任何问题。孩子常常急躁地希望立刻完成工作，如果需要耐心等待或者确认，他们会很不耐烦，但是急躁行动本身可能会带来更多的失误和问题。当孩子遇到一些计划之外的状况时，会立刻表现出焦躁情绪和行为，因为这些状况不在他们的计划内，他们缺少处理这些"意外"的弹性和准备。这些"意外"会毁了整个事情，这种担忧和无力感会唤起他们的焦虑和急躁情绪。

信号三：虎头蛇尾

孩子的行动一旦开始，就指向预设的完美结果，所以一项计划一个行动，需要经过充分的准备才能开始。在准备的时间里，他们大部分的精力都花费在对计划和行动完整性的思考和规划上，反复产生关于"如果这个计划完美执行"之后的预期结果想象——对100分预设结果的"美好"畅想。他们会考虑到计划中的各个细节，尝试着把所有问题都提前计划和准备。"再等等，我还没有准备好"，"我必须要考虑周全才能开始"，这是他们对自己的反复提醒。超长的准备期往往会耗费孩子大量的精力，到任务执行的时候，由于缺乏新鲜感和行动力，过度细致严密的准备和计划使得任务和行动本身还没开始就变得索然无味。

计划开始时好像非常缜密，一旦行动进行中出现偏差，孩子不会考虑去修正或调整计划，在他们的认知中，这件事情如果没有按照预期推进就不能达到原先设定的目标，结果就变得一塌糊涂。他们不愿意对眼前的项目和事物进行调整。例如，有些孩子答一份试卷，如果开始遇到的题目有些困难,他可能心里很快就对自己这次考试的情况彻底否定,虽然勉强继续答完试卷,但是因为持有"糟糕透顶"的念头,整个过程可能就会变得自暴自弃——因为"一开始就搞砸了",结果就不会好。

心理学链接 艾利斯的 ABC 理论

美国心理学家阿尔伯特·艾利斯提出,个体的情绪源于信念、评价和解释,并创建了合理情绪疗法(ABC 理论)。A(Activating Events)代表诱发性事件,B(Beliefs)代表个人持有的信念,C(Consequence)代表个体的情绪及行为的后果。事件本身(A)并不是情绪反应或行为后果的原因,人们对事件的非理性信念(B),即想法、解释、看法,才是真正的原因。

人同时具有理性和非理性信念。人们的困扰和强烈的不恰当情绪很多来自于非理性信念,而这些不合理和不合逻辑的非理性信念来源于早期的学习经验、父母及环境。人之所以焦虑、抑郁或烦恼,是因为内部持有一些非理性信念,并因此对事件进行错误的推理。也就是说,人不是被事情本身所困扰,而是被其对事情的看法所困扰。而同时,人具有改变认知、情绪和行为的潜能。

STEP 2　解读"黑白型自我认知"

内心最强音一：结果只有好和坏两极

持有黑白型自我认知的孩子对事物结果的认知是断点式的两极，在他们的思维中缺乏"中间地带"。事情非黑即白，不是好就是坏。他们对待事物、任务和自我的态度都是极端两极化，没有过渡和渐进，事物的变化会被他们用从山顶到山脚的180度急坠模式感知。

内心最强音二：没有第二选择

持有此类认知的孩子对事物的结果只有唯一的预估，这个预估就是完美的结果。他们在事情进展过程中，很少考虑其他的备选结果——一件事情只有两种结果，如果按照预期发生，事情就很完美；不按照预期发生，事情就很糟糕。其他不同的结果和多种可能的备选方案都不在他们的考虑和接受之内。

内心最强音三：拒绝修正和调整

持有此类认知的孩子不能修正或调整进展中的事情，"一错全错"，一个小的错误就意味着这件事情被归为了0

分的结果。面对失误的唯一办法就是放弃重来，孩子不接受在已有的现状基础上进行任何修正和调整。

心理学链接　非理性信念的特征

1. 绝对化要求。这是非理性信念最常见的一个特征。个体从主观愿望出发，认为某一事件必定会发生或不会发生，常使用"必须"或"应该"来表述。例如，"我必须成功""事情必须按照我的预期发生"等。

2. 过分概括化。个体常把"有时""某些"的情况过分概括化为"总是""所有"的情况，对事件的评价以偏概全，常凭某一件事情结果的好坏来评价自己的价值，一旦有坏的结果就认为自己一无是处。

3. 糟糕透顶。个体认为事件的发生会导致非常可怕或灾难性的后果，比如"我没考上大学，一切都完了"。这常常使个体陷入悲观、绝望、不安和极端痛苦的情绪体验中。

STEP 3 探析"黑白型自我认知"

心灵困扰一：拖延行为

"害怕失败"是拖延行为背后主要的原因之一。没有开始就不会有失败。孩子会因为害怕失败或害怕承认自己的弱点而拖延。持有黑白型认知的孩子，对事物的判断和评估没有中间区域，在黑白型认知思维中，除了100分是成功的，其他的结果都是0分，都意味着失败。他们会比没有持有此类认知的孩子更大可能体会到失败和挫折，这种失败感的累积，会让他们因为害怕失败而选择拖延行为。另外，超长的准备期也会导致拖延行为，准备期越长，孩子行动开始时越困难，表现出来就是典型的拖延行为。

心灵困扰二：暴躁情绪

这类孩子对任务的"完美"计划和安排，会让他们在任务的进展中一旦遇到阻拦或者挫败时，考虑的是"这个任务完蛋了"，而不是"没关系，还可以调整再继续"。持有的"结果总是非黑即白"认知会让他们很快对事物做出失败的判断，经历强烈的挫败感。长时间的准备而一个意外就使计划付之东流，这种失败感容易激起孩子内在的愤怒，表现为强烈的暴躁情绪。

心灵困扰三：频繁体验失败

持有此类认知的孩子，感知失败的阈值更低，因为事情一旦不能达到完美，就意味着失败，因此他们的失败经验和挫折感体验比其他孩子更为强烈和频繁。他们对事情的认知缺乏弹性，频繁的失败体验让他们导向更多的自我否定，认为自己"很失败""完全没有能力""什么事情都干不好"。

破解"黑白型自我认知"

积极处方一：破除结果导向

孩子形成黑白型自我认知的原因之一，是受到结果导向教育的影响。当孩子接受的是以结果为导向的教育，他们就会只在意自己的行为结果，而忽略对行为过程的关注。当教养过程中，青春期孩子的行为结果评判仅局限于学业成绩，那孩子对自己的评价和认识就只剩下每一次考试的分数和排名。孩子对成长的描绘就变成了单一的一个一个的点，而会忽略自己成长过程中的轨迹，只会把关注点全部都放在最终的结果上。孩子对自我行为的感知和评价简化为一个个分散的点，"不管从哪里来，不知道从何而来"。他们对自我行为的评价局限于是否达到了这些位置，评价结果只剩下"是和否"。"是"就意味着达到了这个位置，"否"就是没有达到这个位置。因此，持有黑白型自我认知的孩子只有达到预期位置才算完成，否则就意味着白费。

对于受黑白型自我认知困扰的孩子，父母在教养过程中要引导孩子破除结果导向，转向过程导向。过程导向并不是不关注结果，而是在关注结果的同时，更要关注过程中孩子的心理体验和行动表现。对于处于同样位置的孩子，每个孩子经历的过程可能是非常不一样的，孩子的内在感受和自我体验也是完全不同的。单就学业成绩而言，有的孩子可能在达到一个位置的时候，进行了很多尝试，选择了比以前更优的学习方法和路径；有的孩子可能之前离这个位置很远，他是沿着曲线锲而不舍地坚持才达到；有的孩子是在过程中遇到了一些阻碍，他花费了一些时间来处理这些阻碍；有的孩子是在过程中感受到学习的快乐，激发出了兴趣；有的孩子是靠着大量的重复刷题，勉强推到了当前的位置……这些不同的过程对于孩子心理的影响是截然不同的。

因此，对于存在黑白型自我认知特点的孩子，父母要和孩子一起，从结果的一个点延展到一条路径，和孩子共同看见这个过程中的经历、成长和挫折。

积极处方二：发现过程的价值

父母要关注孩子成长过程中的经历和感受。有的孩子实现一个结果的过程可能非常轻松，而有的孩子则可能需要特别多的努力和投入。当父母和孩子一起感受这个过程时，可以了解孩子在这个过程当中，内心经历的起伏和对此的自我觉察。孩子在过程中自我感知各不相同，也许有自我坚持、韧性、突破和新的尝试，也许有侥幸、无措和慌张。父母和孩子一起关注过程，一起看见这个过程中孩子的自我体验和内在变化，一步步将只有结果的点还原成孩子自己独特的经历图谱。

和只关注结果不同，关注过程孩子就能发现自己的成长和力量，就像一个初一女生所描述的那样："初一年级的期末考试，我投入了很多精力，以为我付出了全力，结果考得很糟糕。有一段时间我很沮丧，甚至想放弃。后来，听到大家讲起自己的复习过程时，我再重新审视自己的过程，才意识到我并没有自己所认为的那么全力以赴，我还可以做得更多一点。想到这些,我又觉得找回了希望和学习的动力。"

积极处方三:让孩子感受中间状态

持有黑白型自我认知的孩子,他们只有黑白两极的自我评价标准,黑白之间是空白的,没有从黑到白逐渐变化的中间评价。父母要有意识地引导孩子去关注中间状态,并主动发现中间状态的价值,让孩子感受黑白之间真实存在的不同色彩,体会每一种色彩所具有的价值。对每一件事情来说,放弃就意味着回到原点,一旦开始,这件事情就会到达中间的一个位置,这个位置不再是 0,而孩子在这个事情的推进过程中也会有新的经历。每一次开始并不都是指向 100 分,70 分也同样有价值和意义。父母要不断和孩子一起剖析,帮助他们看见中间状态的价值,这样孩子就能慢慢在黑白之间看到层次丰富、价值多元的各种色彩。这样他们对自我的评价就不再是两个极端的点,而是变成了不同阶段、不同过程的状态和价值,孩子就可以从黑白两极的极端评价变为循序渐进的多元化的自我评价。

STEP 5 "黑白型自我认知"的转变要点

◎ 改变目标

引导孩子将自我认知从"结果非黑即白"转变为"结果在黑白之间,发现黑白间的丰富色彩"。

◎ 探知认知困扰

请父母和孩子通过下面的步骤,完成对孩子认知困扰的探索。

(1)父母和孩子一起讨论,孩子心里有没有下面类似的想法和感受:

"如果结果没有达到预期,我就会觉得一切白费了。"

"除非做到完美,否则我就觉得没有意义。"

"过程中出了岔子,没有按自己的想法进行,这种情况我觉得糟糕透了。"

……

(2)父母邀请孩子一起谈论与这些想法有关的经历。比如:

"××考试成绩没有达到预期,我感觉自己的投入都白费了。"

困境与破解

"××事情我觉得不能做到完美,而且我因此感到糟糕透顶。"

"通常××时候,我容易想放弃。"

"爸妈对我这些行为和结果的××态度,让我××。"

……

(3)父母邀请孩子一起谈论彼此的感受。

孩子的感受:

"这件事情当时带给我什么感受?"

_____

"我现在对这件事情有什么感受?"

_____

"一件事要么做到完美,要么就白费,这样的想法让我感觉怎么样?"

_____

父母的感受:

"听到你告诉我们你在做这些事情时的感受,爸爸/妈妈是什么感受?"

_____

"听到你说成绩没有达到预期,就感觉一切都白费了,爸爸/妈妈是什么感受?"

_____

（4）父母邀请孩子一起讨论这个认知可能带来的困扰。

学习方面的困扰：_____

交友方面的困扰：_____

生活方面的困扰：_____

其他方面的困扰：_____

◎ 剖析认知困扰

（1）请孩子写下自己的这类想法。

我觉得_____

（2）父母和孩子一起剖析他们关于"结果非黑即白"的看法。

是否存在绝对化？（看法中包含"一定""必须""肯定"……）

是否存在过分概括化？（看法中包含"总是""所有""一切"……）

是否存在极端消极想法？（看法中包含"一切都完了""糟糕透顶""一塌糊涂"……）

（3）根据上面孩子关于自我看法的问题，父母和孩子一起调整孩子的自我认知。

下面有一些例子，可以变换内容参考使用。

参考一

孩子原有想法:"如果结果没有达到预期,就会觉得一切白费了。"

孩子转变想法:"除了结果,这个过程中我收获了很多。"

参考二

孩子原有想法:"除非做到完美,否则就没有意义。"

孩子转变想法:"完美是 100 分,在 0 分和 100 分之间还有 10、20、30……70、80、90 分等很多阶梯。"

参考三

孩子原有想法:"过程中出了岔子,没有按自己的想法进行,真是糟糕透了。"

孩子转变想法:"预期和实际有不同并不意味着就糟糕透顶。如果我愿意,我可以尝试着做些调整,这种适应和改变也是新的收获。"

参考四

孩子原有想法:"如果做不到最好,我还不如放弃算了。"

孩子转变想法:"放弃就是 0 分,完美是 100 分,放弃是最差的状态,如果坚持也许可以做到 70 分。0 分和 70 分,哪个更好一些?"

(4)转变之后,孩子的感受怎么样?

_____

(请结合心灵转变手账一起使用。)

延伸内容

父母养育误区：全能型优才

"我的孩子是优秀的，与众不同的，应该样样精通"，这是一些父母养育孩子的一个认知误区。

◎ 误区扫描

此类父母在自己潜在的认知中把孩子当作天才的"全能型选手"。父母在陪伴孩子成长的最初阶段，经历了孩子发展的神奇而巨大的变化，孩子从翻身、抬头、坐、爬和站立、行走，到语言突飞猛进，这些变化带给父母强烈的神奇感和力量感。这么多的能力实现和变化在极短的时间里发生，会让父母产生一种错觉：孩子具有神奇的力量，可以发展和表现出对各种事物的全能胜任力。

因此，持有此类认知的父母会认为孩子具有无限的潜能。这种早期发展所带来的潜能错觉，事实上是父母把个体作为生物体发展的共同早期经验与个体发展的潜能混淆了，早期的跳跃式发展并非代表孩子具有多么超群的潜能。

此类父母很少思考或者客观认识自己孩子的特性，他们会把孩子表现不好的方面归因于孩子不够投入和努力，而并不认为孩子会在哪个方面不适合或者不擅长。所以这类父母不会把孩子作为一个独特的个体存在来看待，而认为孩子应该集所有优点于一身。事实上，在这类父母的认知中，孩子并不是有着自己的特点和属性的孩子，而是一个优势能力的集合体。

此类父母会把自己作为孩子潜能发展的导师，精心于将"优点和潜能集合体"的孩子进行全方位的培养和塑造。他们会给孩子安排很多的学习内容，但这些内容的安排并不是基于孩子的喜好或者擅长情况。孩子和他们的关系更像是棋子和棋手的关系，父母运筹帷幄地把棋子摆布好，这样就可以按照他们缜密周全的计划前进，实现棋手自己的成就感。

◎ 误区来源

父母自我全能感受损的补偿

持有此类认知的父母，可能来自于自我全能感的驱动。在自我全能感的影响下，个体会认为自己无所不能，能掌控周围的一切。

这种全能感最初出现在婴儿时期，随着个体成长，受到现实的制约,这种全能感会逐渐被隐藏起来。新的生命有可能会激发父母内在全能自我的满足需要,将自己未能实现的感受在孩子身上获得满足和实现。在养育孩子的过程中,父母在最初几年对孩子有完全的决定权,他们可以随时对孩子进行教导和指挥,安排孩子的所有,影响和决定孩子的各个方面。这种决定权会让一部分父母未实现的内在全能感被唤醒,并期待在孩子的养育中获得满足。

优越感受损的补偿

此类父母的自我优越感没有得到充分满足和实现,他们会把对于优越感的追求转移到孩子身上,当建立起"棋子和棋手"的关系时,棋子最后取得的胜利根本上都属于棋手,棋手借助棋子实现自我的成就。

父母内在受损的优越感促使他们找寻新的方式来补偿,而让孩子来完成是最好的方式。父母对孩子有绝对的权威,孩子又具有诸多令人欣喜的变化能力,于是孩子被当作父母优越感实现的最好替代品。我们看到父母会在自己不擅长的方面对孩子有特别的要求和关注,比如有的母亲不通艺术,她就会对孩子学习一门乐器具有极大的兴趣。当她看到孩子掌握了自己未曾习得的东西时,就好像孩子所获得的成就填满了她内在的空虚，补偿了她受损的优越感。

◎ 误区陷阱

持有此类认知的父母，没有对孩子独特性的确认和引导。孩子被概念化地认定，这样非常不利于孩子对自我进行客观和准确地认识。

一方面，孩子在父母的指挥下，在不同的方面盲目地尝试和学习，使他们对某些方面的兴趣和特长可能被掩盖了，却要在不擅长的方面被迫去适应。

另一方面，每个孩子的优势存在很大不同，当被作为"优点和潜能集合体"时，他们在不擅长的方面的表现被当作努力不够，会被迫投入更多的精力去弥补"努力不足"的方面，从而影响孩子在优势部分的投入，使得孩子的发展受限。

另外，在父母的强制要求下投入到某个方面，孩子会对其产生厌恶情绪，这种厌恶情绪会让孩子疏远这些项目，一旦父母没有要求，他们就不再有任何自主的投入，之前的学习就会被束之高阁。

此类父母把孩子作为自我实现和优越感满足的载体，他们会把自己的精力过度投入到孩子身上，缺少自我和孩子之间的界限,这可能会让孩子感受到过多的负担。

每个个体都有属于自己的使命和价值实现,没有人能够代替他人去实现这一价值,如果孩子被赋予父母优越感和价值的实现者,他们可能会因为沉重的负担而停滞或反抗。作为父母,也因为与孩子之间不清楚的界限,而过度控制孩子或者失去自我。无论是哪种情况,父母和孩子都会处于失去自我的危险中。

问题扫描：为什么胆小和怯懦？

孩子总是缺少表达自己的自信，表现为遇事退缩和胆怯。他们对自己的行为没有把握，不愿意尝试，缺乏勇气，拒绝和回避当众表现的机会。

通常我们认为这是因为孩子锻炼太少，需要为他们创造多锻炼的机会，这样他们胆小怯懦的状况就能改变。但多次"锻炼"之后，孩子依然没有改变，有一些孩子甚至更加退缩和胆怯。锻炼和尝试并不能破除孩子内在的壁垒，父母以为"每一次锻炼都能增强自信"，孩子的感受却是"每一次我都有这么多错误"。如果"锻炼"变成了自我错误的累积，孩子会能少碰就少碰。问题的关键是：为什么孩子看不见自己好的部分，而总是吹毛求疵地盯着自己的小错误呢？

第二章

缺陷型自我认知困扰

我总是做不好

- 识别"缺陷型自我认知"
- 解读"缺陷型自我认知"
- 探析"缺陷型自我认知"
- 破解"缺陷型自我认知"
- "缺陷型自我认知"的转变要点

困境与破解

> 故事
> 片断

永不停歇的战斗者

"妈妈是小学老师,她从小就对我要求很高。"

小攀说有三次经历,她印象很深。

第一次,她小学二年级时有一次语文考了 90 分,妈妈让她自己待在小卧室:"你在里面好好想想!"妈妈扔下这句话,就把门砰的一声关上了。"当时是晚上,我不记得有没有开灯,只记得自己在里面待着特别害怕。"小攀说。

第二次,她四年级时有一次数学考了 95 分。放学回家,妈妈和她说起这个成绩,越说越生气:"你这么不争气,我怎么在学校教书,我的脸都被你丢尽了!"小攀觉得自己让妈妈这么难过,让妈妈丢脸,很讨厌自己,也恨自己给妈妈带来麻烦。

第三次,刚上初一,小攀有一次考试失误,名次排在年级前 100 名以外了。这一次,妈妈没有打她也没有骂她,而是看着她说:"我对你彻底失望了。"小攀说:"我忘不了妈妈的眼神,那个眼神寒得透心,我看到了一种彻底的否定。"从那个时候开始,小攀就不允许自己懒惰和放松,

"我总是做得不好,我必须一直努力,更加努力。"

可是,那个做不好的自己怎么努力,总还是不够。虽然旁人都很佩服她——三好学生,班长工作出色,学习成绩稳居前三——但是她从来没觉得自己干得好:"我不能保证每一次考试都拿第一,班长算什么,都是小儿科。而且我也不是每件事情都做得好,'三好学生'每个学校那么多,根本说明不了什么。"她一直辛苦地努力着……

94分的两巴掌

傍晚六点,小恬磨蹭着走到了自家楼下,在小区里走了两圈还是不敢上楼。她脑子里闪回着妈妈下午在学校的样子,严肃得可怕,她知道回家等着她的是什么。但是太晚回家,事情会更麻烦。于是她深吸了一口气,走进家门。

小恬:"妈,我回来了。"

妈妈:"你还有脸回来?!"

她不敢应声了。

妈妈:"把试卷给我拿出来!"

她刚把试卷递给妈妈,头上就啪的一声响,原来妈妈顺势就把试卷砸她头上了。紧接着她脸上挨了两巴掌,她觉得一阵眩晕。

妈妈:"你居然能考这个成绩,94分,简直莫名其妙!"

困境与破解

……

后来的话，小恬记不太清楚了。妈妈尖刺的声音夹杂着推搡、捶打，小恬感受到一轮狂轰滥炸。她像被逼到了一个角落里，无处可逃。

妈妈愤怒的样子，让她觉得自己怎么这么差劲，试卷上的分数似乎在提醒她"你太糟糕了，你完蛋了"。

"是啊，我太差劲了，总是做不好。"小恬的耳边不断地重复着这些声音。

"门锁着，糟了！"

爸爸让大鹏在学校门口等他来接。大鹏等了很久，没有看到爸爸，他也联系不上爸爸，脚冻得冰凉。他想："我要不要去店里找爸爸？算了，爸爸说了让我在这里等他。"

他又等了很久，爸爸还是没有来。大鹏决定去店里看看。他一路飞奔到店门口，看到店门锁着。"糟糕了！"他拔腿就往学校门口跑——他知道他和爸爸错过了，麻烦大了。

从店门口到学校的距离不算远，大鹏又一路飞奔过去。

爸爸："你瞎跑什么，你去哪了？"

大鹏："我等了你一会儿，看你没来就去店里找你去了。"

爸爸："不是说了让你在这里等？你怎么总是听不明白！"

……

大鹏被爸爸数落着，从学校往家走。学校到家要经过一条街道，街上都是认识的街坊。一路上，爸爸的数落声越来越大，大鹏低着头，听着爸爸的数落……慢慢地，大鹏听不见爸爸在说什么了，他感觉街上的人好像都在看着他，似乎听到街坊在说："大鹏怎么啦，又不听话了？"爸爸也不回应街坊的话，数落的声音更大了。

大鹏的心里都是"我像只过街老鼠""爸爸在批斗我""所有人都在看着""我差极了"的声音。

心理学链接 **自我图式**

自我图式，是孩子形成的关于自我的心理表征，用来组织和加工与自我有关的信息，由最重要的行为和特征组成。自我图式影响孩子加工信息的方式和与周围世界的互动，它的形成受到早期重要经验的影响。不是所有的生活事件都会对自我图式形成发生作用。孩子记忆的片段常常是具体的、片段的、情感强烈的，这些记忆片段成为他们自我图式重要的组成部分。由此而形成的认知困扰正是孩子内在自我图式的核心表征，强烈影响着孩子的情绪和行为。

STEP 1 识别"缺陷型自我认知"

信号一：**想法多变**

受到缺陷型自我认知困扰的孩子，他们的内在"自我纠正"的机制强大且处于自动工作状态。他们处于自我纠正的"时刻准备状态"，周围人的观点、意见和建议，会被他们敏锐而迅速地纳入到自我评价中，并随时启动和强化"自我纠正"机制。他们对于自己的视角是"我总是做不好""我在这件事情上有很多不足和不好的地方"。

这种"我总是做不好"的预设视角，使他人成为自我纠正的助推器，任何意见和评价都能快速启动他们的内在纠正系统。孩子原有的主意和想法，会因为他人的评价、意见或观点迅速被自己推翻，他们会快速进行自我检讨和纠错。

信号二：**自卑自责**

孩子认为"出现问题都是自己的原因"，因为自己总是做得不好，他们更愿意"包揽责任"。不论是集体或是个人的行为结果，他们只会从自己身上找原因，认为是自己的失误或者问题造成了这个不好的结果,并常常因此过度自责。

与此相应的,这类孩子善于自省,被这类消极认知困扰的孩子不需要老师或家长提出意见和批评,他们会主动地进行自我分析,找错和纠错,他们对自我问题的纠察比他人更敏感和自动化,"要是我这个方面再多投入 / 要是我不犯这个错误 / 要是我调整一下方式 / 要是我不这么做……就不会出现这个问题了"。

他们会不断要求自己改变,紧盯着自己的问题和缺点,而不会肯定自己的进步、成就和能力。

相反,面对集体和个人好的成绩和表现,他们则将其归因于同伴的贡献或者偶然因素,而不承认自己的努力和贡献,选择性地忽视自己的进步。

恰当的内省有利于孩子客观全面地认识自我,但是持有此类认知的孩子由于习惯性的检讨,会表现出过度的自责和内省,家长和老师会觉得孩子"非常懂事""很乖""谦虚低调"。

另外,他们不能客观接受老师、家长和同伴的肯定。比如,一个初中女生的妈妈反馈给她语文老师对她的评价"这个学期语文很有进步"时,这个孩子认为"语文老师一定是认错人了,她把我妈妈当成了其他同学的妈妈";当期中考试颁进步奖给她时,她认为"是因为我上一次考试实在是太差了,所以才能得进步奖,这个进步就是让我记住上一次有多么差劲"。

信号三:纠结细节

持有此类消极认知的孩子,他们在生活中在意细节,从细节关注自己的问题。他们内在的纠察机制会持续工作,从他们的行为中不断地识别和侦查纰漏与瑕疵,并且以此作为"我总是做不好"的证据。

这个和持有黑白型自我认知的孩子关注细节的方式不同,前者是在准备期关注于计划实施的各种细节,以避免任务开始之后出错;而持有"我总是做不好"认知的孩子对细节的关注是在任务执行过程中,随时从细节中感知自我的问题和失误,在细节中找到的问题和失误为他们的自我纠察和否认提供源源不断的素材,他们的自我预言是"我总是做不好",借助这些"素材",他们不断体验和强化"自我实现预言[一]"。

[一] "自我实现预言"由美国心理学家罗伯特·默顿提出,是指预言后用可以促使预言实现的方式行为,从而使预言逐步成为现实的预言。

心理学链接 自我图式的三个面向

自我图式是孩子形成的关于自我的心理表征。内在自我图式有三个面向：

第一个面向：可能角色。孩子希望将来自己成为类型的内心素描，可能的自我图式包括孩子渴望的角色或职业，如消防员和医生。

第二个面向：拒绝角色。孩子惧怕的角色类型的内心素描，如严苛的父亲、情绪无常的母亲。

第三个面向：内在品质。孩子希望将来自己具有的品质的内心素描，如负责任、善良、坚韧、友善等。

STEP 2 解读"缺陷型自我认知"

内心最强音一：出现问题都是我的原因

持有缺陷型自我认知的孩子，他们认为所有的坏结果都是因为自己做得不好，他们把所有不好的结果都归因到自己，放大自我的缺点和错误在问题中的影响，而弱化他人和环境等客观原因。他们很少批评他人，只从自己的角度找问题，善于挑出自己的问题和毛病，这种归因习惯反过来强化"都是我的问题,我总是做不好"的认知。

内心最强音二:我原本能够做得更好

持有此类认知的孩子,时刻都在提醒自己,要求自己做得更好。他们内在有一个不断苛责自己行动的"永动机",时刻提醒自己要做得好一些。当出现问题或失误的时候,他们内在的声音是"本来可以避免这个问题,如果我……"。他们总是认为事情没有做好只是因为自我的失误和能力不够,要避免这种结果,就需要自己不断改进和投入,但是这种要求会变成苛责——极端苛刻地要求自己。

内心最强音三:修正错误永无止境

因为认为自己做不好,孩子强大的自我评判标准对自己不断提出新的更高要求。一旦某个标准达到之后,内心的声音又会提出新的要求。他们不能接受现在的自己,因为他们对自己的认识是刻板和僵化的,他们内在的评判标准始终站在自律的最高点,对自我发号施令,"这个你太差了""那个你总做得不成样子"。他们在这个内在认知指令的指挥下,时刻感受到改变自我的压力,督促自己不断前进,修正错误,弥补不足。

内心最强音四：我存在缺陷

孩子把自己看作"问题"："我总是有很多毛病""我身上有很多问题""我表现差劲"。孩子会把自己的外貌、成绩、交友能力、文艺水平、运动能力等各个方面都看作问题。"我是一个圆，但是我这个圆上面有很多凹陷的地方，所以我总是做不好"，一个孩子这么描述自己。此类消极认知作为他们的自动化认知习惯，左右着他们的感受和行为。

心理学链接 自我图式的三个表征

表征之一：实际自我。实际自我是孩子所掌握的关于自己是（或相信自己是）什么样的人的全部信息，一般被称为自我概念。

表征之二：理想自我。理想自我是孩子对自己希望成为的人的心理表征，理想自我包括孩子的梦想、抱负和他为自己设立的人生目标。

表征之三：应该自我。应该自我是孩子认为自己应该成为的自我，能够履行各方面（如父母、老师）给自己确定的责任和义务。孩子内在的应该自我是符合父母期待的自己。

STEP 3　探析"缺陷型自我认知"

心灵困扰一：缺乏决断力

持有缺陷型自我认知的孩子，他们的选择容易受到他人的影响而改变。因为"我总是做不好"，所以自己的想法、观点和意见都有问题，当他人提出相左意见时，他们会立即调整甚至是推翻自己的意见。这种快速改变自我想法的习惯和随时发生的自我否认，让他们困扰于自己的左顾右盼和优柔寡断。

心灵困扰二：自我否定

持有此类认知的孩子，他们内在的自我纠察机制使得他们不能自我肯定，即使自己在某些方面做得非常出色，他们仍然只看到自己没有做到或者做得不够的地方。他们从来不会给自己正面和肯定的评价。由于来源于外界的正面反馈，如老师、同学的肯定，和他们自己的内在自我纠察机制相比，力量要小得多，所以他们也很难将外界的正面反馈内化为对自己的评价。

心灵困扰三：改变的行动力受阻

持有此类认知的孩子，他们内在的纠察机制不断地提醒他们自己的问题和缺点，从理智层面他们知道该怎么行动，但是长期的、持续运转的纠察机制，也会让他们困倦和疲累。他们成为对自我最严厉的审判官，但是却没有给自我行动的力量，因为永无止境的纠错会给内在带来持久的损耗和挫败。我们有时会看到这类孩子找错和认错非常快，但是改错和调整的行动速度很慢甚至毫无进展。无处不在的自我调整压力，阻碍了他们的自我行动力，常常会让他们觉得疲惫不堪。

STEP 4　破解"缺陷型自我认知"

积极处方一：宽容和滋养的养育环境

持有缺陷型自我认知的孩子，大多数在早期教育中受到了较为严苛的管教，父母对他们有很高的要求，习惯在他们的行动中挑错。孩子为了避免被父母批评和挑剔，努力让自己做得更好。但是孩子日常的行为难免会有失误或者令父母不满意的地方，他们常常从父母那里得到的反馈是"你这个地方没有做好，你应该做得更好""你那件事情做得不对""你怎么什么都不行""脸都因为你丢尽了"，等等。孩子在外部严厉的监督下长大，在这个过程中，他们逐渐将外在的严苛管教内化成自我纠察机制，这个自我纠察的声音最初来自于外部的严苛管教，之后变成内在自我挑剔——一种自我纠察的声音。

因此，帮助孩子调整这类认知困扰，父母要尽快将原有严苛的教养环境转变为宽容和肯定的环境。

孩子进入青春期之后，他们开始新的关于自我的建构和认识过程，这个时候如果他们能够从父母和外部环境中不断获得对自己行为客观的、肯定的反馈，他们内在的"我总是做不好"的消极认知就能逐渐被调整和修改。父母给予孩子的不应该是"你这个地方没有做好，你应该做得更好"，而是"我们看到在这件事情上你有很多做得不错的地方，比如××"。

在父母提供的宽容和滋养的环境中，孩子内在的自我肯定能够被不断确认，从而就可以扭转和破除缺陷型的消极认知。

积极处方二：**客观弹性的评价视角**

除了严苛的教养，持有此类认知的孩子在过去的经验中一般缺少正面的肯定经验。有些父母觉得夸奖会让孩子骄傲，还有一些父母因为自己成长经历中缺少被肯定的经验，所以他们会不习惯对孩子肯定，而更习惯沿用自己所受过的苛责和严厉的教育。即使孩子做得出色，他们也只是轻描淡写，"做得不错，但是不能骄傲""下次要更加努力"。对于缺陷型认知困扰的孩子而言，他们听到这些反馈，更多是像父母给自己提出了新的行动要求，"我的爸爸很少称赞我，在家里他总是很严肃，好像我做的事情都是错的"。

因此，对于存在此类认知困扰的孩子，父母要尽快调整过去习惯化的苛责和严厉，而要给予孩子合适和恰当的肯定，这样孩子才能从父母这里获得内化为自我肯定的外部资源，他们的内心中才能逐渐建立起自我认同，从"我总是做得不好"的缺陷型认知困扰中调整过来。

值得注意的是，父母提供给孩子的肯定评价不能是泛泛的鼓励，如"孩子你真棒""孩子你很优秀"等。这样的夸奖不能真正提升和改变他们的自我认知。孩子需要的是客观和符合实际的肯定。父母对孩子在生活、学习方面做得好的地方，要"狠狠地"肯定，这种肯定是基于日常生活和具体事情的细节的评价鼓励，如"你在××事情上，××和××方面做得很好"。

同时，父母对孩子的细节评价，不应该只针对学习一个方面，而应该从品性、学习、生活、交友等多元角度认真了解并将正面反馈适时给予孩子。

这种客观、具体和多元的评价会带给孩子新的看待自己的角度，让他们在青春期阶段带来调整自我评价的新视角。正面反馈会带给孩子积极的体验，并且激发出好的动机。

有的父母可能会质疑，是不是对孩子要一味肯定？对于已经存在缺陷型自我认知困扰的孩子，在调整孩子认知的初期阶段，建议给予孩子以肯定反馈为主，且尽量**所有的肯定反馈都是基于孩子真实的行为和表现**，所有的鼓励都"事出有因"。父母恰当和充分的肯定为孩子提供积极的外在环境，能帮助孩子跳离原有的缺陷型自我认知，建立起正面的自我认知。

心理学链接 **自我图式的作用**

第一，自我图式激励孩子面向未来采取行为。孩子会根据自己的行为结果是接近还是远离将来的可能自我，来做出选择。有时我们看到孩子对某些小的改变非常重视，通常是因为这个改变与他内在的可能角色和品质的自我素描有关，当改变阻碍了他实现可能自我时，他就会表现出超过寻常的反应。

第二，自我图式能预测孩子未来的行为。可能自我指导孩子的选择和反应，从孩子可能自我中对将来自我的构想、对可能角色的回避以及希望具有的品质，能够预测孩子可能做出某些行为或者回避另一些行为。

第三，不同表征之间的不一致引发内心冲突，孩子会把自己的行为（实际自我）和希望的方式（理想自我）和应该的方式（应该自我）做比较，这种比较可能带给孩子诸多不如意的感受，当实际自我和理想自我不一致的时候，孩子会体验到失望、灰心和悲伤——理想中的自我成绩优异、特长出众，实际自我却成绩平平、毫无特长。当实际自我和应该自我不一致时，孩子会感觉紧张、焦虑和内疚。

STEP 5 "缺陷型自我认知"的转变要点

◎ 改变目标

引导孩子将自我认知从"我总是做不好"转变为"我不完美，但有自己的优势、特点和个性"。

◎ 探知认知困扰

请父母和孩子通过下面的步骤，完成对孩子认知困扰的探索。

（1）父母和孩子一起讨论，孩子心里有没有下面类似的想法和感受：

"出现问题都是我的原因。"
"每件事情我都搞砸，我太差劲了。"
"我总是犯错，做不好任何事情。"
……

（2）父母邀请孩子一起谈论与这个想法有关的经历。比如：

某一次让孩子觉得自己很差劲的经历。
最近一次让孩子给自己贴满错误和问题标签的事情。
孩子怎么看待事件和经历中的自己。
……

（3）父母邀请孩子一起谈论彼此的感受。

孩子的感受：

"这件事情当时带给我什么感受？"

"我现在对这件事情有什么感受?"

_____

"认为自己做不好任何事情,总是不断犯错,这个想法让我感觉怎么样?"

_____

父母的感受:

"听到你告诉我们这些经历,爸爸/妈妈是什么感受?"

_____

"听到你说自己总是自卑自责,爸爸/妈妈是什么感受?"

_____

(4)父母邀请孩子一起讨论这个认知可能带来的困扰。

学习方面的困扰:_____

交友方面的困扰:_____

生活方面的困扰:_____

其他方面的困扰:_____

◎ 剖析认知困扰

(1)请孩子写下自己的这类想法。

我觉得我_____

（2）父母和孩子一起剖析关于"我总是做不好"的看法。

是否存在绝对化？（"我做不好任何事情""我一定很糟糕"……）

是否存在过分概括化？（"每个方面都如此""我一直如此"……）

（3）根据上面孩子关于自我看法的问题，父母和孩子一起调整孩子的自我认知。

下面有一些例子，可以变换内容参考使用。

参考一

孩子原有想法："出现问题都是我的原因。"

孩子转变想法："出现问题不一定都是我的原因，当时的环境也有一些客观的其他因素在起作用。"

参考二

孩子原有想法："每件事情我都搞砸，我太差劲了。"

孩子转变想法："没有人是完美的，我不是每件事情都搞砸，有些事情我能做好。"

参考三

孩子原有想法："我总是有太多问题和缺陷，我是不好的。"

孩子转变想法："每个人就像一个圆，每个圆上都有大大小小的凹凸，这些不是问题，而是属于我的特点。没有天生的问题，只有如何对待自己特点的视角。"

（4）转变之后，孩子的感受怎么样？

（请结合心灵转变手账一起使用。）

问题扫描：反叛、对抗和顺从

"我不知道要什么""我没什么想法""随便吧，他们说是什么就是什么吧"，听不到孩子谈论自己的想法，面对选择时孩子总是将选择权交给他人；或者到了青春期，忽然之间孩子莫名其妙地拒绝任何安排，他们反对一切，但是又不知道反对之后该怎么做。乖巧顺从和反叛对抗，看上去完全不同的两类表现，背后或许是共同的阻碍在左右着孩子的行为。

第三章

木偶型自我认知困扰
我当然只能听他们的

- 识别"木偶型自我认知"
- 解读"木偶型自我认知"
- 探析"木偶型自我认知"
- 破解"木偶型自我认知"
- "木偶型自我认知"的转变要点

延伸内容　父母养育误区：最优化导航

困境与破解

故事片断

烦烦烦

小曲:"莫名其妙很烦。一听到爸爸妈妈让我做什么,我心里就会窜出火来。我也不知道为什么突然会这样。心里烦闷,我也不知道烦闷什么。其实我也想不清楚自己要干什么,但是他们一说话,我就会不耐烦,很烦很烦。以前假期每天傍晚我都跟他们去散步,走半个小时。最近一听他们叫我,心里就发毛。别说去散步,听他们一说话,我就恨不得把门关上,塞住耳朵。"

仿佛一夜之间,小曲从乖乖仔变成了暴脾气。小曲妈妈面对孩子的改变束手无策。

小曲妈妈:"现在我都不敢让他做什么,说不上两句话,他就生气,生气了还摔东西。"

老师:"以前小曲什么样?"

小曲妈妈:"以前孩子不是这样的。小学的时候,小曲特别乖,学围棋、练书法,还拿了全国机器人比赛二等奖,从来不像别的男孩子一样惹事,一句大声的话都没说过。"

老师:"他的学习、起居也都是听你们的安排多一些吧?"

小曲妈妈:"那当然。父母把大小事情都安排好,孩子就不会走弯路。你看因为这个机器人大赛拿奖了,才能进现在这个学校。"

老师:"以前安排他都会很听话吗?"

小曲妈妈:"是啊,他知道我们都是为他好,所以让做什么很乖的。以前做什么都会问我们的意见,现在也不知道是怎么了。"

……

小曲:"以前他们让我做什么就做什么,没有什么想不想吧。让做什么就做,结果也挺好的。只是那会儿听到同学说自己想做什么时,看他们眉飞色舞的样子我挺羡慕的。我不知道自己喜欢什么,都是他们安排的。让我选可能我也选不出来吧。哎——但我现在真是烦透了!"

失控的一周

小鹏:"还有一周,还有一周了,我不知道该怎么办。"小鹏紧张地抠着指甲,声音中有些颤音。

小鹏:"我不能在教室里面待着,越待越着急,我要赶紧联系妈妈。"

老师:"小鹏,慢慢说,什么方面你不知道该怎么办?"

困境与破解

小鹏："还有一周就考试了，这一周我都在学校，不能回家。我不知道该怎么复习，每个科目要怎么安排，早上几点起床，我不知道要怎么做才对……"

老师："以前考试之前你都是怎么安排的呢？"

小鹏："以前都在家，每天干什么都是妈妈帮我安排好。周末妈妈本来帮我安排了这一周的计划，但是学校的安排和妈妈的计划不一样，计划打乱了，怎么办，怎么办？"

老师："那你能不能调整一下安排，重新计划？"

小鹏："那不行，我自己安排的肯定不成！"

老师："为什么这么肯定呢？"

小鹏："不成就是不成，以前也试过，糟糕得很。妈妈说我的安排不对，没有效率，乱七八糟的。"

老师："现在妈妈不在身边，你要不要试一试呢？"

小鹏："我怎么行，再说如果我自己安排，到时候考得不好怎么办？我还是得想办法问问妈妈该怎么安排才行。"

刚上初一的小鹏念的是寄宿学校，还有一周就期中考试了，原本妈妈在家制订的计划不适用于学校的安排，小鹏着急要和妈妈联系上，让妈妈帮他调整和制订计划。

拖延是因为慢吗？

小墨妈妈很发愁。小墨刚上初一，拖延磨蹭的毛病不但没变好，反而变得更严重了。小墨刚开始晚上能在十一点上床睡觉，后来时间越拖越长，现在经常子夜一点才能上床。小墨妈妈说："每天看他都很累，但是晚上时间并不短，他总是拖来拖去，最后搞到很晚才急急忙忙应付了事。小学的时候就是这个样子，同样的作业内容别的孩子两小时就完成了，他要四小时都写不完。我们还以为上了初中，能好一些。哎……"

问小墨，他似乎没什么话，也不解释什么，只是说："就是每天把布置的任务完成。"小墨说的"布置的任务"是父母按照培训课上老师的指导安排的，包括主要科目内容，还有一些为中考做准备的学习内容。有些是线上课程，有些是自学内容。"现在每个孩子都学很多，小墨也要跟上。"妈妈也有些无奈地说，"小学开始就是这样，英语 KET、奥数、'大语文'，还要有一两项拿得出手的特长。上了初中，课业负担更重，现在这么磨蹭下去，根本完不成。"

困境与破解

STEP 1 识别"木偶型自我认知"

信号一：人云亦云

持有木偶型自我认知的孩子，表现之一是缺少主见。他们对自己和周围的事物缺乏选择能力和自主意愿，不愿意表达也缺少自己的想法和意见；他们被动地接受和顺从，缺少独立生活的能力，遇到稍有挑战性的环境就会无所适从。他们总是指望有人能出主意，一旦父母离开了他们的生活，找不到替代的主导者，他们的生活就会出现混乱，面对混乱他们束手无策。

信号二：逃避责任

此类孩子的行为特点还包括逃避责任。他们不做选择，不愿意承担选择的责任；他们一味地顺从，因为顺从可以让他们有理由拒绝承担任何后果，"这样的结果都是你们选的，和我没关系"。面对任何可能承担责任的事情，他们选择退缩和逃避，这种退缩和逃避开始只是对结果和责任的回避，当年龄逐渐增长，可能会进一步发展出严重的社会回避行为，甚至会不工作、不成家，丧失社会功能。每一个社会角色都必然需要承担责任，但他们可能永远只选择做"父母的孩子",即使他们已经长大成人。

信号三:反叛和对抗

和前面两种顺从行为不同,这类孩子还可能在青春期表现出强烈的反叛和对抗。父母会感觉到孩子在青春期突然出现巨大转变,原本听话顺从的孩子,突然变得叛逆,似乎要推倒一切。他们不听父母的任何安排,外出散步、周末安排、课业计划……他们对所有的安排都表现出强烈的反感。但是他们本身又没有很好的计划,每天都被烦躁和生气困扰着。他们说不清楚为什么要反对,也提不出来更好的想法,于是在盲目地反叛和对抗中暴躁难安。

STEP 2 解读"木偶型自我认知"

内心最强音一:听他们的才能避免出错

持有木偶型自我认知的孩子认为大小事情听他们(父母、老师)的才是对的。在他们的经验中,自己的大小事情都是别人做决定,他们只能服从安排照着做。这类孩子

困境与破解

在从小成长的环境中,没有被给予选择的机会,小到衣服穿戴、玩具读物,再到兴趣爱好、周末安排,大到学校选择、朋友交往,大小事情都是按照父母的既定安排在进行。他们可能也会提出自己的意见,但是这个意见和想法要么直接就被否定,要么想法好不容易被允许了,但因为执行起来结果有些糟糕,而被父母当作选择失败的经验反复强调,"你的想法太幼稚""我们为你考虑的才是长远之路""你不听我们的,所以才会这样"。缺少正确选择的经验使孩子不敢确认和表达自己的想法,经验告诉孩子"只有听他们的,才不会出错"。

内心最强音二:我没有选择的能力

在回避出错的想法的影响下,孩子习惯按照父母的意见去行动。在他们的生活经验中,他们放弃了决定自己生活的主动权,很少在生活中拿主意。一方面缺少实践,不知道怎么选择和决定;另一方面他们认为自己没有决定的能力,"我不会做决定"的自我判定阻碍了他们做出判断、决定和选择的行动。持有此类认知的孩子,一般他们的父母会强调"听我的不会错";如果不听父母的,按照自己的想法去行动,他们可能会面对行动带来的自然风险,同时还有对抗父母的附加压力。这使得他们的行动面对双重的评判,一旦这个行动的结果没有令人满意,他们就会体会到双倍后果的压力。而且通常情况下，父母会特别强调因为不听从他们的意见，所以才造成这样的结果，这样使孩子认为"自己选择"是造成错误的主要原因，从而强化他们形成"我没有选择能力"的自我认知。

内心最强音三：承担结果很难

每一种选择都需要面对承担错误和失败结果的风险，但持有此类认知的孩子，内在会强化承担结果所存在的风险。这种强化源于他人对"你自己选择"的结果风险性的夸大，也源于孩子缺少承担结果的经验。一个未知的、不确定的风险远大于未经历的风险，他们会夸大这种结果的困难："自己选择就必须为自己负责，这太难了""选择就需要自己承担失败的结果，这真可怕"。

心理学链接 避免早熟的成人化

人格是一粒种子，它只有通过整个人生的漫长阶段才能得以发展。一切人格都具有确定性、整体性和成熟性。但是，这三个特性不能也不应该指望在儿童身上出现，因为它们会使儿童失掉纯真，出现一些早熟的小大人。当父母把为了孩子"尽其最大努力"以及"只为孩子活着"作为自己的唯一任务时，就更是如此。父母反复地对子女灌输他们认为是"最好的东西"，这些所谓"最好的东西"恰恰是他们自己曾忽视的东西。孩子就是以这种方式被驱使去完成他们的父母没有完成的事情，被强加一种他们永远无法实现的愿望。这种方法和思想只能造成教育上的畸形儿。

STEP 3 探析"木偶型自我认知"

心灵困扰一：**主动性受阻**

持有木偶型认知的孩子，主动性始终处于被压抑的状态，主动性体验的缺失使他们缺少自我决定的经验和感受，这会造成他们的自我发展迟滞，使他们很难发展出正常的社会功能。这类孩子成年后依然处于幼稚的状态中，被受阻的主动性可能改头换面变成破坏性，就像我们所看到的那样，他们可能经历非常严重的叛逆期。因为他们的主动性没有得到施展，这种自我的压抑会变成否定和反抗。他们一边需要父母的安排，同时又对父母表现出极大的厌恶，这种反抗、否定和厌恶都是自我发展受阻之后的宣泄。

心灵困扰二：过分依赖和缺乏适应力

这类孩子可能会过度依赖和缺乏适应力，习惯于被安排和被决定，对父母有极强的依赖性。到了新的环境，他们完全不能适应和开展新生活，可能因此拒绝去新的环境生活。成年之后他们也会像寄生虫一样吸附于父母，成为精神上的巨婴。在幼年时他们的顺从会让父母觉得乖顺，但是这种不能选择的能力和不敢选择的阻抗逐渐会成为他们成长中巨大的阻碍。孩子在生活上缺少独立性，这会让他们没有能力面对和解决具有挑战性的任务。因此当孩子需要单独适应一个新的环境，面对头绪繁多的事情时，自己不能拿主意，就往往会在新环境的适应中狼狈而逃。

心灵困扰三：烦闷和亲子冲突

因为主动性受阻，这类孩子不断地体验内在的挫败感。这种挫败感在依赖的外表掩盖下，会变换为烦闷暴躁的情绪。他们的内在自我需要独立和主动性，而经验阻止他们去实践，这两者的矛盾就变成了冲突和爆发的情绪。而且孩子和父母通常不明就里，并不知道这种情绪的反常是来自于主动性受阻，这种冲动性和反复无常让孩子对自我的体验更加糟糕，也会带来很多亲子冲突，从而让孩子陷入负性的消极情绪循环中。

心理学链接　促进个体健康发展的家庭环境

荣格认为儿童在生命初始还没有完全的独立性，他们的精神完全反映着父母的精神。父母要给孩子施加有益的影响，就要把握好教育子女态度上的分寸，避免过分亲近、溺爱或者过分疏远。父母对孩子的态度过分亲近或溺爱，容易使儿童产生依赖心理，阻碍其个性化的发展，使孩子缺乏独立性，延迟其人格的成熟；父母对孩子的态度过分疏远或漠不关心，也会使孩子因为极度缺乏爱和安全感，而发展出畸形的人格。在家庭教育中，父母不要把自己的精神发展方向强加给儿童，也不应为了某种自己心理上的补偿而无视孩子的要求和反抗。父母要绝对避免强迫儿童去发展那些他们不感兴趣，或强烈反感的精神内容。否则会导致儿童人格发展的不平衡，阻碍其心理的健康发展。

破解"木偶型自我认知"

积极处方一：尊重孩子，包容孩子的不成熟

木偶型认知困扰的形成，主要原因之一是孩子在过去的生活经历中，自己拿的主意和做的决定总被判定为坏的和不好的。在养育孩子的过程中，父母总是希望为孩子设计一

条好的发展道路,有的时候父母会希望孩子按照自己设计的路径发展,因此限制孩子参与自我发展的主动性,逐渐使孩子形成了木偶型认知困扰。要帮助孩子破解此类认知困扰,父母需要发展出孩子行动的主动性,还要真正尊重孩子,帮助孩子确立自我的独立性。每一个孩子都是独立的个体,具有选择的能力和主动的意志。父母要避免将孩子作为自我发展延续的工具,不再借由孩子来实现自己未完成的发展目标。

青春期阶段的孩子还没有形成成熟的思维和行动能力,因此他们的想法会出现波动和改变,对事物的认识和看法也会有偏激和情绪化倾向。特别是对于存在木偶型认知困扰的孩子,他们刚开始尝试选择时,可能缺乏方法,不能进行周全的考虑,做出的决定也可能有不完善的地方,甚至会显得幼稚不成熟。这个时候,父母切忌将这些作为否定孩子主动选择和行动的理由。父母要最大程度上允许孩子在尝试和选择中有不成熟和不完善之处,并为孩子提供需要的建议和引导,帮助孩子逐步建立起他们自己的内在主动性和行动力。

积极处方二:**鼓励孩子适当尝试,不惧怕失败**

受到此类自我认知困扰的孩子,他们禁锢在自我限制中,惧怕风险,通过被动接受他人的安排来回避风险。对于这一类孩子,父母要为他们创设恰当的尝试环境。恰当的环境,是指父母创设的环境符合孩子的真实能力和实际情况，这种有意识创设的环境会促成孩子进行自主选择和行动的意愿。孩子做出尝试，这种尝试的结果不是最重要的，重要的是孩子可以有尝试选择和行动的机会。在尝试过程中，孩子能逐渐积累自主选择和行动的经验，逐渐破除内在的恐惧。孩子在开始尝试的时候，父母可以尽量帮孩子选择一些有可能是好的结果的尝试。要注意的是，无论结果成功与否，都不要影响父母继续鼓励孩子进行尝试。只要孩子表现出主动性就值得肯定。孩子从简单易行的行动出发，就可以循序渐进地积累选择的自信和行动的力量。

积极处方三：父母的角色从主导者转变为引导者

受到此类自我认知困扰的孩子，在过去的生活中，他们不是自己生活的主导者。要做什么、不做什么，选择什么、拒绝什么，这些可能都是父母决定的，父母在孩子的生活中扮演了主导者。在儿童期，孩子对自我的主动性并没有表现出过多需求，但进入青春期之后，随着自主性的发展，孩子内在自我的主动性需求会变得前所未有的强烈。因此要调整孩子的木偶型认知，父母需要有意识地从过去的主导角色调整为引导者角色。父母的引导者角色并不影响父母为孩子提供建议和照顾孩子的生活，但是选择权是在孩子手里。与青春期孩子平和沟通，父母提出的有益建议孩子会乐于接受，父母从主导者转变为引导者的角色，借助孩子青春期自主性发展的契机,帮助孩子逐渐弱化被动的木偶型自我认知困扰,孩子就可以在学习和生活中习得看待问题、解决问题和做出选择的能力。

STEP 5 "木偶型自我认知"的转变要点

◎ 改变目标

引导孩子将自我认知从"我说了不算,只能听他们的"转变为"我的想法和选择很重要,我有选择的能力"。

◎ 探知认知困扰

请父母和孩子通过下面的步骤,完成对孩子认知困扰的探索。

(1)父母和孩子一起讨论,孩子心里有没有下面类似的想法和感受:

"我的决定总是错的,听大人的就能避免出问题。"

"我不知道怎么选择,要想清楚解决问题的办法,这些对我来说太难了。"

"谁拿主意谁负责,错了也不关我的事。"

困境与破解

"我没有想法,怎么样都行。"
……

(2)父母邀请孩子一起谈论与这些想法有关的经历。比如:

孩子有没有尝试选择或者主动行动受挫的经历?
孩子希望自己拿主意时,周围的人的反馈是什么?
对父母的反馈,孩子怎么理解?
……

(3)父母邀请孩子一起谈论彼此的感受。

孩子的感受:

"自己尝试去选择,但是遭遇挫折时我有什么感受?"
___

"我现在对这件事情有什么感受?"
___

"认为自己不能做主,只能听父母的,这让我感觉怎么样?"
___

父母的感受:

"听到你告诉我们这些经历,爸爸/妈妈是什么感受?"
___

"听到你说自己不能做主,不懂得怎么选择,爸爸/妈妈是什么感受?"

_____

(4)父母邀请孩子一起讨论这个认知可能带来的困扰。

学习方面的困扰:_____

交友方面的困扰:_____

生活方面的困扰:_____

其他方面的困扰:_____

◎ 剖析认知困扰

(1)请孩子写下自己的这类想法。

我觉得我在选择方面_____

(2)父母和孩子一起剖析他们关于"我当然只能听他们的"的看法。

是否存在绝对化?("我的想法一定是错的""父母的决定肯定比我的好"等包含"一定""必须"等词语的表述)

是否存在过分概括化?("我出的主意没有可取的地方""我做的选择总是错的"……)

是否存在极端消极想法?("如果按照我的想法来,那结果肯定一塌糊涂"等包含"糟糕透顶""一切都完蛋了"等内容的表述)

（3）根据上面孩子关于自我看法的问题，父母和孩子一起调整孩子的自我认知。

下面有一些例子，可以变换内容参考使用。

参考一

孩子原有想法："我出的主意总是出错，听父母的就能避免出错。"

孩子转变想法："没有人从不犯错，越尝试越能有更多解决问题的办法。"

参考二

孩子原有想法："我不知道怎么选择，想清楚怎么解决问题，这些对我来说太难了。"

孩子转变想法："现在要考虑完整有点难，我可以把问题分解来看，先试一试想想第一步。"

参考三

孩子原有想法："谁选择谁负责，我拿主意就要承担这个结果，我负不了责。"

孩子转变想法："尝试一下，结果没有我想得那么可怕。"

（4）转变之后，孩子的感受怎么样？

_____

（请结合心灵转变手账一起使用。）

延伸内容

父母养育误区：最优化导航

父母可能会存在这样的想法：自己应该是孩子成长路上的最优导航。他们认为：他们会根据自己的经验做出优于孩子的判断，选择最好的给孩子；在孩子的成长道路上，他们比孩子更有能力选择，孩子按照父母导航的路径前行，才能最大可能地避免走弯路和错路。因此，父母比孩子更能选择正确的道路。这个误区会让父母越过孩子，行使孩子的选择权，短期来看，孩子能够避免走弯路和错路，但是长期而言，孩子丧失了选择的能力和主动性，一旦到了"空旷"地带，他们随时都会因为失去了"最优导航"而迷路和走失。

◎ 误区扫描

孩子经历有限，不能分辨好坏

此类父母，其内在对孩子的认知是怀疑的。他们不能充分地允许孩子按照自己的方式做决定，认为孩子是幼稚的、缺乏经验的，他们自己不能做出明智的选择；认为孩子没有选择的能力，如果放手让孩子自己选择，他们肯定会做出错误的判断，这是一件危险的事情。

帮孩子做选择，避免他们走弯路

此类父母认为自己的判断和选择不会有错，孩子按照父母的选择来前进，能够防止走弯路，避免雷区。当然，此类父母认为走弯路是一件很糟糕的事情，孩子应该沿着绝对正确的道路前进——这个道路由父母来选择和确认。

为孩子做出的选择是最好的

此类父母相信自己为孩子做出的选择是最好的选择。他们相信自己是最爱孩子的，他们认为用这种方式恰恰表达了自己对孩子的爱，"爱他就是为他好，为他好就是替他做出最好的选择"。

◎ 误区来源

忽略孩子

持有此类认知误区的父母往往没有真正把孩子作为一个独特的主体来看待，他们认为自己给予孩子的是最好的，孩子需要做的就是执行。在这个过程中，孩子没有主动参与其中，而是被动地接受。此类父母忽略了真正的主体——孩子，他们没有看到孩子的个性和特点。孩子的特点是什么，孩子的想法是什么，这些都未被父母考虑在内。

养育焦虑

"选择最好的给孩子""避免孩子走弯路",这些认知的一个根源是父母对养育孩子的焦虑。现在的父母越来越重视对孩子的培养和投入,投入大量的时间和精力来培养孩子。他们在这件事情上投入越多,就越在意这件事情,越可能因为这件事情而焦虑。尽可能为孩子提供绝对正确的选择和道路,其背后正是父母的养育焦虑。

回避失败

持有此类认知误区的父母,其背后是对失败的逃避和退缩。这类父母害怕承担孩子养育失败的后果,他们希望避免这种情况发生,为此他们认为自己替孩子选择一条路比任由孩子犯错误要更能避免失败。这类父母把失败看得很重,认为孩子每个阶段性的不好结果都是一种失败。

◎ 误区陷阱

选择能力是一种生存能力,没有它寸步难行

孩子缺少选择尝试,年幼时依赖于父母的选择而行动,但等到长大成年之后,他们不可能自然地发展出这种能力。他们不知道如何选择,不敢为选择负责任,因为他们认为"我的选择是不好的""按照我的选择就会把事情搞砸""只有听爸爸/妈妈的,才能避免失败"。不具有选择能力的孩子会在生活中处处碰壁，他们回避责任和担当，不懂得怎么对事情进行判断和选择，"我不知道怎么选，以前都是他们告诉我怎么做就怎么做""选择了就要承担这个结果，我不要"。孩子越长大，选择能力就越重要；缺少选择能力的孩子，在生活中将寸步难行。

压抑的主动性会变成破坏力和控制力

在这种认知下，孩子的主动性被阻碍和压抑。个体在生命早期，本能地具有生存和行动的主动力，获得对自我的控制感是非常重要的。但是被压抑和阻碍了主动性的孩子，他们的生活是被别人决定的，自己体会不到自我的控制感和自主性。但被压抑的主动性并不会消失，它会因为没有合适的表达而变为一种破坏力，它会破坏孩子的积极行动力，孩子会表现出无意义感、空虚感和行动力缺失。被压抑的生命主动性，从生命的积极促进力量变成了破坏力，它们只是破坏、反对、销毁和对抗，而不知道如何重新建构和重塑。这种破坏力在破坏的过程中也是对自我的一种消磨和否定。

反抗一切，最好的成为最厌恶的

当父母将自己的想法和选择代替了孩子的主见，剥夺了孩子的主动权时，随着年龄增长，孩子会把父母看作是一种压力和阻碍。他们可能有强烈的愿望要冲破父母的控制,但是他们又缺乏选择的能力,不能发展出积极独立的自我选择能力,从而就表现为破坏性的反抗——为了反抗而反抗——所有父母认为好的,他们都拒绝;所有父母认为对的,他们概不执行。有些父母会困惑,"这个孩子小时候很乖的,现在不知道为什么,我们说什么都不对,总是和我们对着干",这就是典型的破坏性反抗。孩子所反抗的不是对或错的事物,他们反抗的是父母的控制,反抗的是父母本身。当父母认为自己在给予孩子最好的东西的时候,孩子却认为这是最厌恶的事情。这种厌恶的根源是孩子自我的丧失感。

缺乏承受挫折的经验和能力

持有此类认知的父母,他们的孩子看似从小在一条少有荆棘的平坦大道上前行,孩子有可能避免走弯路和错路,但是这种平坦的成长经历,缺少必要的挫折经验,使得孩子没有应对和处理挫折的能力。所有的弯路都是成长中的必经之路,没有挫折经验的孩子一旦离开了父母的庇护,就不堪一击,看上去一片大好的发展之路实际上不过是海市蜃楼。他们缺少承受挫折的勇气、经验和能力,没有还击之力,不懂得怎么从逆境中重新恢复力量。

问题扫描：自惭形秽的观众

"我没什么特长,这种时候当观众最好""你看××多牛啊,什么都行,干一样成一样,我没法比""我这个不行,你看××这方面多厉害,和他比我就是菜鸟一枚"……孩子言语中多是对别人的羡慕,他们喜欢躲在人群后面,默默地做个不起眼的观众。在自惭形秽的观众眼里,别人都闪耀着星光,而自己却黯淡无光。他们习惯于在别人的尺度下度量自己的长短。

第四章

比较型自我认知困扰
没有比较,我不知道我是谁

- 识别"比较型自我认知"
- 解读"比较型自我认知"
- 探析"比较型自我认知"
- 破解"比较型自我认知"
- "比较型自我认知"的转变要点

延伸内容 父母养育误区:完美型榜样

困境与破解

> 故事
> 片断

依靠小青来定位

小灿妈妈:"你不会把碗拿到厨房去?!这么简单的事情都不会帮我干,还能指望你做什么!你看看小青,人家也和你一样大,她怎么那么懂事。这次考试小青又是年级前十,再看看你的成绩。每次去开家长会,一看到小青妈妈,我都恨不得找个地缝儿钻进去。"

小灿:"妈妈……"

小灿妈妈:"叫我干什么?难道我说的不对吗?吃完饭不该收拾桌子吗?小青在家还要帮她妈妈做家务,平时见到谁都很有礼貌,哪里像你。"

小灿:"妈妈,我没说不收。"

小灿妈妈:"你还顶嘴,你没说不收,那你在这里坐着不动是什么意思?你要是能顶上小青一个脚趾头,我睡着了都能笑醒。"

小灿:"妈妈,我肚子有点儿不舒服。"

小灿妈妈:"什么肚子不舒服,一天到晚,不是这儿就是那儿，怎么那么多事。你看看小青，哪像你一副病恹恹的样子。也不知道你怎么会成这样。"

……

小灿不知道妈妈什么时候会发脾气，妈妈生气的时候都会把她臭骂一顿，"那些话都很刺耳"，而且每次都会把小青的好来回来去地说一遍。

小灿说妈妈发脾气的时候自己特别害怕，自己可能比小青更清楚地记得小青每一次的考试成绩。

小学六年，小灿和小青在一个学校，小灿每一次的成绩都会被妈妈拿出来和小青比。妈妈的这个习惯后来渐渐成了小灿自己的习惯。一拿到成绩，她先去打听小青考了多少分，不和小青比她就不知道自己什么样。而且，小灿知道自己永远比小青差。

上初中之后，小灿和小青去了不同的学校。没有小青，刚开始小灿总觉得慌张，找不到自己的位置。所以，小灿在学校很快找到了又可以比较的人，"只有这样，我才知道自己该怎么办。虽然不是小青了，但是我一定要有一个比较的对象，才知道自己该做什么。离开了他们，我就不知道自己是什么了"。

小灿对自我的认知只有依靠无数个"小青"来定位。

STEP 1 识别"比较型自我认知"

信号一：沉默的观察者

持有比较型自我认知的孩子需要和他人进行比较才能确认自我。他们置身环境中的第一任务就是关注他人，他们会很快发现周围同学和伙伴的优点，比如放在通常的学习环境下，他们最关注学习优秀的同学。他们善于观察别人的言行和习惯，让自己扮演一个隐形的旁观者，通过细致观察身边的人的所作所为，为自己找到能够进行比较的人。

持有此类消极认知的孩子，一般是群体里最不起眼的孩子。他们很少主动表现自己，大多数时候表现谦逊和退缩；他们不主动与老师交流，在人群中有时会显得紧张和局促；他们很少报名参加集体展示活动，如果有机会展示自己，也会选择匆忙地草草了事——他们更愿意作为旁观者在暗处观察，而不是参与其中。

信号二：双重标准

持有此类消极认知的孩子，以双重标准评价自己和他人。他们非常清晰地知道自己的问题，并不断在实践中发现自己的缺点，对自己的缺点"如数家珍"，而对优点则一笔带过。他们对自我的评价是问题取向，对于自己的成绩往往归因于偶然和运气，比如"我这次历史考得好，是碰巧运气好"；而对自己的糟糕表现和问题则是肯定的，比如"这次主持我没有做好，我早就预料到了，我本来就很差"。他们很少依据客观事实来调整或内观自我，他们对自我持有一个确定的问题认知定式，且固执地不做任何改变。自己的好源于偶然，所以不长久；自己的不好却是必然，所以注定改变不了。

而他们评价他人时则完全相反。他们认为他人的成功是必然的，"他就是这么优秀，考试成绩好很自然"；他们选择性忽略他人的不好表现，"他没什么不好的，再说除了他，还有很多比我好的人"。这种双重标准被孩子用在生活中，被他们无意识地频繁使用。

STEP 2　解读"比较型自我认知"

内心最强音一：与他人比较才能定位自己

因为只有同他人比较才能感知到自己的存在，此类孩子对自我的认知是建立在与他人的不断比较中。他们把自己的不同方面和身边不同的对象进行比较，与他人比较之后找到自己各个方向的位置。因为它们总是和别人的优点进行比较，因此他们只看到别人的优势，对别人的认识是片面化和单一化的，一切都为了比较而被选择地呈现。持有此类认知的孩子，认为只有在每个方面都找到比自己优秀的人作为标杆，在与他人的比较和排序中才能清楚自己的水平、状态和位置。离开了比较，他们无法定位自己，无法认清自己。更重要的是，孩子觉得不和别人比较，他们就失去了前进和行动的方向，自己会退步、停滞，变得糟糕。

内心最强音二：他人是优势集合体

此类孩子很容易找到自己比较的对象，这些对象可能成绩好、表现好、外貌好、能力好。"别人一定比自己优秀"，他们对别人优点的看法片面，且选择性地凸显别人的优势。比如，A同学钢琴弹得好但学习成绩不如他，B同学学习成绩比他好但弹钢琴不如他，那他对A同学的评价是"这个同学的钢琴弹得太棒了，我弹钢琴比他差远了"，对B同学的评价则是"这个同学的成绩比我好多了，我和他比差远了"，而对自己的评价是"我弹钢琴不如A，学习又不如B"。他们戴着过滤镜筛选出他们需要的别人的长处和优点，而过滤掉其缺点和短处。他们的评价系统是"他人优势集合体"，而"他人"只有他们需要的优点和长处。

STEP 3 探析"比较型自我认知"

心灵困扰一:**优越感和行动力受损**

持有比较型自我认知的孩子因为判断自我和别人所持的双重标准,即便获得了某些成功和成绩,也很难被自己加工为有益的经验。他们始终处在自我构建的他人集合体的比较体系中,并且一直被别人的优点和长处压迫着。这类孩子的优越感很少得到满足,优越感的缺失使得他们没有办法建立起积极的自我形象,不能发展出主动、积极和健康的心智。

此类孩子的行动动机来自于与外部的比较。这种动机是一种被动的、依赖于他人的动机,长期在这种动机驱使下的个体,会丧失行动的主动性。他们会迷失在行动的意义中,找不到行动的动力,失去自我的投入感。

心灵困扰二:**习得性无助**

持有此类认知的孩子,自动化忽视生活中自我的成绩和进步,或者把这些归因为偶然的不可控因素,而对于自我的失败则过分确认和肯定。这种两极化的认知不断累积,孩子就会缺少在生活中的成功经验,形成"我努力是没有用的""不管我做什么,都没有办法超过他们"等看法,形成对自我行动和能力的习得性无助。

心灵困扰三:嫉妒心理

孩子看到比较对象身上的闪光点和优异表现,可能会产生嫉妒甚至敌对心理。持有比较型认知的孩子,他们所持有的高估他人和低估自我的双重标准,使得他们认为自己不可能达到他人的水平。这使得孩子的自卑感不断加深,并会因此诱发更多的敌意、憎恨等负面情绪。

破解"比较型自我认知"

积极处方一:
从榜样教育转变为引导孩子发现自我

在榜样教育中,父母将别人作为孩子学习的目标对象。这个对象可能是孩子的同学、邻居或者朋友,父母认为优秀的对象会对孩子起到良好的榜样作用。采用榜样教育,父母会将各种优点在榜样身上集合,而孩子会生活在榜样的光环对比之下。孩子从父母那里得到的反馈是榜样各方面都好，自己和榜样相比处处不及："你看看××做得多好，你再看看你。""别人××三科全是满分，你的分数呢？"由于父母没有给孩子客观和准确的评价，孩子关于自己的认识就只能是在与榜样的比较中确立的。这个榜样常常被父母挂在嘴上，榜样的优点被夸大，而缺点会被忽略。父母会把孩子的行为、表现、成绩拿来跟榜样作比较，在父母看来，榜样各方面都做得很棒。通常在榜样教育下成长起来的孩子，他们内化了父母这种与榜样比较的理念，将自我建立在"比较"上，自我认知中只有自己和榜样的差距，而没有对自己全面客观和准确的了解。

因此，要想从根本上转变孩子的比较型认知，父母首先需要从榜样教育转变为对孩子发现自我的引导，将孩子关于自我的认知从自己与榜样的差距逐渐转变为对客观自我的发现。孩子每个方面的水平和能力不是在和榜样的比较中确定的，而是有属于自己的真实状态，这个"真实"需要父母引导孩子去发现。这个发现的过程发生在日常生活和学习之中，孩子的生活、交际、阅读、运动能力，以及脾气性情等等都是孩子自我的部分，父母要引导孩子在发现自我中不断确认"我的××是……"，强化自我认知。

积极处方二：
从抢占有限资源转变为匹配适合资源

父母受到发展资源有限的观点影响，认为孩子所能拥有的发展资源是有限的——考试名额是有限的，名牌大学是有限的，好的工作是有限的，所以父母必须把孩子推进竞争中，和其他孩子去争夺有限的发展资源。在有限资源的争夺中，孩子必须和周围的同伴去比较，只有胜过他人才能抢到好的资源。然而，这种有限的竞争，对于有比较型自我认知困扰的孩子而言，会让他们对发展持有一种狭隘的认识。当孩子陷入单一的竞争中，认为只能和他人去比较才能找到自己，超过他人自己才能生存，那他们就会在竞争中失去自己。

对于存在比较型自我认知困扰的孩子，父母要转变自己对发展资源有限的认识。孩子在某一次考试所取得的名次在短期内是有限的，但是这个名次并不是真正的资源，真正的资源是孩子在一个环境中所吸收到的养分。如果在一个环境中，孩子只感受到竞争的挫败、空洞和无意义，那这个环境就不是孩子的好资源。对于不同的孩子而言，他们适合的环境是各不相同的，父母要和孩子一起寻找适合他们的环境，而不是盲目竞争。在合适的环境中，孩子能够感受到自己的力量，能够发自内心地学习和努力，面对自己感兴趣的领域有着旺盛的好奇心和克服困难的勇气。父母将抢夺有限资源的竞争视角转变为匹配适合资源的视角，才能够真正转变孩子过度比较的不恰当认知。

心理学链接 多元智能理论[7]

美国教育学家和心理学家霍华德·加德纳把人类智能定义为处理特定信息的能力，这种能力源于人类生物和心理的本能，是一种解决问题或创造产品的能力。加德纳认为，解决问题的能力是针对特定目标，找到通往和实现目标的正确路线的能力；创造产品的能力则是指获取知识、传播知识，表达结论、信仰和感情的能力。

加德纳经过多年的研究，提出了"多元智能理论"。他认为，智能包括音乐智能、身体—动觉智能、逻辑—数学智能、语言智能、空间智能、人际智能、自我认知智能等多种智能。每个孩子都拥有上述多种智能，从认知角度而言，这些智能使孩子能够成为人。

每个孩子身上各种智能的优劣不同，"甚至同卵双胞胎都不会拥有一模一样的智能轮廓"。孩子在某方面拥有高的智能，但是他不一定能够将智能运用于具有创造性和智慧的行为中。只有孩子了解自己的智能水平，才能调动起自己的潜能，从而对自己更有信心，更加积极和投入地行动、工作和创造价值。

STEP 5 "比较型自我认知"的转变要点

◎ 改变目标

引导孩子将自我认知从"没有比较,我不知道我是谁"转变为"我不需要和别人比较来定位自己,我有自己的位置"。

◎ 探知认知困扰

请父母和孩子通过下面的步骤,完成对孩子认知困扰的探索。

(1)父母和孩子一起讨论,孩子心里有没有下面类似的想法和感受:

"和××比起来,我一无是处。"
"别人都很厉害,除了我。"
"不和他们比较,我不知道我什么样。"
……

(2)父母邀请孩子一起谈论与上述想法有关的经历。比如:

"与别人的比较是从什么时候开始的?"

"这种比较和周围的人有关吗?"

"自己会和别人比较哪些方面?"

……

(3)父母邀请孩子一起谈论彼此的感受。

孩子的感受:

"和别人不断地比较带给我什么感受?"

_____

"当周围的人拿我和 ×× 比较时,我有什么感受?"

_____

"认为自己不和他人比,就找不到自己,这个想法让我感觉怎么样?"

_____

父母的感受:

"听到你告诉我们这些与别人比较的感受,爸爸/妈妈是什么感受?"

_____

"听到你说只有和别人比较,才能知道自己是谁,爸爸/妈妈是什么感受?"

_____

（4）父母邀请孩子一起讨论这个认知可能带来的困扰。

学习方面的困扰：＿＿＿＿＿＿＿＿＿＿＿＿＿＿＿＿

交友方面的困扰：＿＿＿＿＿＿＿＿＿＿＿＿＿＿＿＿

生活方面的困扰：＿＿＿＿＿＿＿＿＿＿＿＿＿＿＿＿

其他方面的困扰：＿＿＿＿＿＿＿＿＿＿＿＿＿＿＿＿

◎ 剖析认知困扰

（1）请孩子写下自己的这类想法。

我觉得和别人比＿＿＿＿＿＿＿＿＿＿＿＿＿＿＿＿

（2）父母和孩子一起剖析他们关于认识自我的看法。

对自我的认识只能依靠和别人比较吗？这个想法是不是不够全面？

向内探索是不是一种更好地认识自我的方式？

怎么认识自我才更客观和全面？

（3）根据上面孩子关于自我看法的问题，父母和孩子一起调整孩子的自我认知。

下面有一些例子，可以变换内容参考使用。

参考一

孩子原有想法："和××比，我很差。"

孩子转变想法:"我在××方面做得好,在××方面还有进步的空间。"

参考二

孩子原有想法:"别人都很厉害,除了我。"

孩子转变想法:"每一个人都有自己的优势,我也一样。重要的是找到自己的特点。"

参考三

孩子原有想法:"我习惯了和别人去比较,离开比较我不知道自己什么样。"

孩子转变想法:"认识自己不是去和他人比较,而是向内探寻更多未知的自己。"

(4)转变之后,孩子的感受怎么样?

_____

(请结合心灵转变手账一起使用。)

延伸内容

父母养育误区：完美型榜样

有的父母会认为孩子身边的同伴能起到好的督促作用，是最好的教育榜样，殊不知这是一个养育误区。

◎ 误区扫描

关于孩子的动机问题。持有此类认知的父母，认为让孩子不断看到自己与他人的差距可以激励他们行动，这样孩子就能不断地提高自己，始终保持努力来减少差距。父母认为孩子与同伴的差距是最好的鞭策力。

关于孩子的目标问题。这类父母通常认为，孩子的行动需要目标，他们身边的同伴就是最好的标杆。这种目标贴近孩子，又时时可见，是最有效的目标。

关于孩子的压力问题。父母认为孩子有压力才能有动力，孩子在同伴压力的促进下会不断寻求自我进步。孩子了解身边熟识的同伴的优异表现，能够让孩子感受到压力，进而去比、学、赶、超。

◎ 误区来源

无意识的认同

持有此类认知的父母，可能是由于对自我成长经历的无意识认同。他们是在这种比较中成长起来的，所以无意识地认同和延续这种教育方式。在他们的经验世界中，没有其他的经验可以了解，他们认为教育就应该是这个样子的；在他们的成长过程中，他们自己也确实感知到了这种"榜样比较"带来的压力。

保守的从众

借用"别人家的孩子"作为刺激自己孩子的行动和进步的方式，是部分父母习惯采用的方式，这种方式的普遍性使得父母容易将其视为好的方式。教育方式的从众是父母降低教育风险的"明智"选择，选择普遍的方式更有利于避免承担风险。

教育焦虑的转嫁

当看到身边其他孩子成绩优异、特长突出和全面发展时，父母内在关于自己孩子发展的焦虑感会被增强："别人家的孩子这么优秀，自己的孩子为什么不行？""现在竞争这么激烈，竞争不过，以后就不可能有好的发展。"父母对自己孩子教育和发展的焦虑被强烈唤起，父母自身的焦虑没有缓解和处理，就可能将其转嫁到孩子身上，变为不断要求孩子和他人比较以取得进步。

◎ 误区陷阱

孩子自我认知的偏差

父母最常用到的句式是"你看 ××……"。父母似乎熟知别人家孩子的所有优点，别人家孩子都自带高光，学习好、懂礼貌、乖巧听话、能干独立。在这个误区引导下的教育，让孩子容易产生只能依靠同他人比较来认识自己的习惯。在孩子眼里，父母嘴里"别人家的孩子"是一个不可能逾越的高峰，是自我缺陷的"照妖镜"——别人如此完美优秀，自己则一无是处；不管自己如何努力，好像都不可能赶上这个目标。长期受到完美型榜样教育的孩子，久而久之就形成了有偏差的自我认知。

缺乏自我发展的内在动机

把他人作为促进孩子动机的方式，是将孩子的发展和进步动机依赖于外部环境。这种动机不能真正促进孩子的行动力，其目的在于超越他人。"他人"是外在的，孩子把精力用于关注他人而不是自己，会耗费自我发展和成长的精力。"他人"是不可控的，孩子处于失控的状态中，这种失控的状态是孩子希望摆脱和逃离的。因此一旦有机会，孩子就会逃避这种动机，尽量减少在这种动机下的压力感和失控感。与依赖于外部产生动机不同，关注于自身改变和成长所获得的动机是自我改变的内在动力，是由自我兴趣和自我实现的内驱力推动，孩子感受到的是自我成长的充实感和控制感，并且这类动机的满足会成为孩子自我激励的动力，孩子会自发地源源不断地寻求发展力量。自我实现和控制感带给孩子的积极反馈，是最好的奖赏和内在目的。他们不需要和任何人比较，在自我成长的道路上按照自己的步调不断向前发展，最终就能按照内在自我的需要、兴趣和特点发展出完备的自我模样。

心理学链接　两种智能组合模式

多元智能有两种不同的智能组合模式形态：一类是具有突出一到两种智能的"激光"式智能模式，另一类是具有多个强度相当的智能的"探照灯"式智能模式。

"激光"式智能模式是指，智能聚焦于一种或两种智能，聚焦的这一种或两种智能表现出耀眼的光芒，比如音乐家贝多芬就拥有专注于音乐的"激光"式智能模式。拥有这种模式的个体，其智能特别偏向于一种或两种智能，他们会选择充分发挥强势智能的工作，专注而深入探索于某一个专门的领域。"激光"式智能模式的特点是深入、持续地聚焦于一个领域，并不断进行更深入的探究，聚焦的智能表现出激光一般炽烈的光彩，而掩盖其他智能。

"探照灯"式智能模式是指，兼具三个或更多强度相当的智能，一般在个体身上看不出典型的、突出的、明确的强势智能，而是表现出综合的智能模式，并且有把各种要素整合起来的能力。个体的智能好像没有特别耀眼和突出的一束光柱，而是不同方位的光束各自发着均匀的光，彼此融合成为一个明亮的空间。

问题扫描：走不进去的内心

孩子与身边的人很难进行情感交流和沟通，回答总是不冷不热。他们可能很独立，但总能感觉到他们似乎在刻意回避，很谨慎地避免与人深入交往和建立联系。他们可能还会经常性地头疼、胃疼或拉肚子，但检查身体却查不出器质性问题。似乎隐约存在的那堵墙到底是什么呢？遮掩和回避的背后是什么？

第五章

海绵型自我认知困扰 我的感受不重要

- 识别"海绵型自我认知"
- 解读"海绵型自我认知"
- 探析"海绵型自我认知"
- 破解"海绵型自我认知"
- "海绵型自我认知"的转变要点

延伸内容 父母养育误区：情绪绝缘体

困境与破解

> 故事片断

沉迷网络

小尚爸爸:"你这样每天都抱着手机,不知道上网都干些什么。再这么下去,我就把网断了。"

小尚:"你们敢断网,我就不活了!"

小尚每天都在网上花四五个小时的时间。她是一个二次元主题论坛版的版主,每天上网都泡在论坛上。小尚说自己关注这个论坛已经好几年了,刚做版主一年时间。"我爸说我天天泡在网上。网络能给我的,他们能给吗?在论坛里我能感觉到温暖,和现实中黑漆漆的世界很不同。我现在是这个版的版主,很有成就感。我爸他们现在开始管我了,不让我上网,以前干吗去了?"平静的小尚嘴角上扬,冷冷地说,"我不是玩具,他们没时间的时候就放一边,有时间了就找来玩。我想问问他们为什么这么对我,但是问不出来。"

小尚的父母因为创业忙,小尚上小学前几年的时间几乎常年把她一个人放在家里。小尚上了初中后,父母生意有了起色，有时间来照顾她了。小尚的父母知道以前疏于照顾小尚，现在特别希望能弥补。但是小尚冷漠的态度，让他们束手无策。

妈妈生气比我的尴尬重要

"妈妈，你别走。妈妈，你别走……"小北梦里的这个场景常常出现。

差不多一年的时间，每个上学的早晨，小北都在学校对面的一棵树前面背单词。说是背单词，其实她很难集中注意力，而是时时刻刻感觉到来来往往的同学都会往她这边看上一眼，让她会不自觉地往大树后面靠。

"赶紧背！就这么点东西，还没背下来，也不知道你在想什么！"小学的最后一年，妈妈每天都会布置固定的背诵内容，如果小北没有背下来，妈妈就会让她在学校对面的马路边上站着背。小北不知道妈妈为什么要让她在学校门口背，她本来在班上就不怎么说话，自从在校门口"晨背"之后，她在班里更不敢说话了。她特别怕同学们提起这件事情，她不知道怎么解释。

"每天早上被同学看到的尴尬，其实不算什么。"小北弱弱地说。小北最怕的是自己背得不好，妈妈突然就转身离开了。"我一看到妈妈不说话，转身就走，心里就会咯噔一下。我站在那里,看着妈妈的背影,会止不住地打哆嗦。我知道妈妈生气了,事情又糟透了。我不敢喊妈妈,怕妈妈更生气。我常常站在那里,看着妈妈的背影,不知道是应该站在那里继续背,还是该去学校,满脑子都是一个声音:'妈妈生气了,今天我又完蛋了。'和妈妈生气比起来,我的尴尬无足轻重,所以我从来不说什么。因为我的感受不重要。"

听话的海绵

离婚后,小艺妈妈觉得生活很糟糕,离开了以前生活的城市,从北方搬到南方。小艺说:"原来的生活戛然而止,我被妈妈带着投入了完全未知的生活。爸爸妈妈闹离婚那一段时间,他们总是争吵,爸爸和妈妈之间的关系很冷。他们离婚以后,我知道妈妈很辛苦,妈妈也一定有她的理由,我不去问,只能跟着妈妈。"小艺很不喜欢突然逃离的慌乱感。

在新的城市,妈妈的工作变得很忙。"每天妈妈回家都皱着眉头,好像有一堆心事。我到了新的学校很不适应,同学们都不熟悉,学习上差别很大,习惯也不一样。我每天在学校都觉得很难过。但是一看到妈妈皱着眉头的样子,我就不敢对妈妈讲我的难过。那段时间,我每天都梦到自己回到原来的学校,见到了原来的朋友。"晚上,小艺自己经常躲在被窝里哭,她不知道自己为什么难过,除了哭她也找不到更好的办法。一段时间之后,小艺开始觉得头疼,在学校待的时间一长她就觉得不舒服,有的时候头疼起来她什么事情也做不了。

STEP 1 识别"海绵型自我认知"

信号一:情感淡漠

拥有海绵型自我认知的孩子,可能表现出异于同龄孩子的情感冷淡。他们可能会对身边的人漠不关心,也拒绝接受他人的关心。他们的这种情感拒绝并不是他们不需要情感,而是借助冷漠隐藏情感,将自我的情感包裹和隐藏起来,不希望被他人看见。

信号二:沟通困难

持有此类认知的孩子,基于"我的感受不重要"的认知,他们遇到问题和冲突时,不会表达自己的想法,不会采用沟通的方式解决。他们认为即使说了别人也不会听,不能改变什么,就索性不做这些无效的事情。

信号三：躯体疾病

这类孩子因为长期的情绪压抑和否定会伴随一些典型的躯体疾病，如肠胃消化问题、偏头疼、免疫力低、过敏，女孩会月经不调等。

STEP 2 解读"海绵型自我认知"

内心最强音一：我的情绪会带来麻烦

持有海绵型自我认知的孩子，他们的头脑中存有"我有感受和情绪是不好的"的想法，这可能是由于他们早期生活中有过情绪和感受被忽略或否定的经历。他们用自己的方式表达情绪感受，但是被父母拒绝、否定，父母没有对他们的表达做出合适的回应，甚至他们还会因为情绪感受的表达被贴上"你是麻烦制造者""你很矫情""你太多事"这样的标签。孩子的情绪和感受被忽略，没有被周围的人看见，他们只能把这些情绪和感受搁置在自己的世界里。情绪和感受被否定的孩子，他们的情绪被父母误读。孩子表达自我感受时，会得到父母的压制甚至打骂，原本真实的自我情绪和感受的表达变成了给自己带来麻烦的原因。为了避免由此带来的痛苦,孩子会形成"我不该有情绪和感受"的错误认知。

内心最强音二:他人的情绪和感受要全盘接受

与孩子的自我感受被忽略相反,父母可能把自我的情绪和感受宣泄给孩子,孩子作为被动和弱小的一方,只能全盘接受,从而被他人强烈的、冲击性的负性情绪所吞没。父母处于权威的一方,如果孩子表达反抗,有可能引起父母更强烈的情绪表现,因此这类孩子往往会毫无抵御地全盘接受父母的情绪,于是"他人的情绪和感受,我无法拒绝"的错误认知逐渐形成。

内心最强音三:我说了也没有用

持有此类认知的孩子通常还有"我说了也没有用"的认知。每个孩子最初都有表达自己的想法、念头和感受的能力,如果听到别人给予的反馈是忽略、否认,孩子就会觉得自己的表达没有用,说了也不会有人听,说什么都是没有用的。有的时候自己的表达还可能因为被误解而给自己带来更大的麻烦,因此还是"不说为妙"。

STEP 3 探析"海绵型自我认知"

心灵困扰一：情绪压抑

持有海绵型自我认知的孩子由于长期压抑或否认自己的情绪，他们对情绪的感知和觉察能力变弱。当情绪产生时，他们不能觉察到自己的情绪，缺乏有效处理和疏解情绪的途径。消极情绪的压抑会让情绪隐藏起来变成"不定时炸弹"，对积极情绪的感知缺失还会使他们慢慢失去快乐和兴奋的感受。情绪不可能消失，只是被孩子自我压抑；被压抑的情绪还是不会消失，而会转变为自我封闭、焦虑、孤僻等病态心理和行为问题。

心灵困扰二：人际困扰

此类孩子对他人的情绪很敏感，会放大他人情绪对自己的影响，在人际关系中因为误解而遇到更多的困难。他们缺少沟通的成功经验，遇到人际问题一般采用沉默的方式应对，这样会造成更多的人际困扰。而且伴随着青春期同伴关系的发展，此类孩子会表现出明显的人际交往困扰，并因此而回避集体活动，出现一系列退缩和回避行为。

破解"海绵型自我认知"

积极处方一:重新构建与孩子的情感通道

青春期孩子有自己丰富的情感世界,存在海绵型认知困扰的孩子,他们的情感体验一般比其他孩子更加细腻和敏感。同时,持有这类认知倾向的孩子可能缺乏表达和处理自己情绪的有效办法。

要调整孩子的不合理认知,父母首先要帮助孩子建立情感表达通道。父母可以多营造沟通和倾诉的环境:"看上去你情绪不太好,是不是今天在学校发生了什么?""最近和同学相处,是不是遇到了什么问题?""你要是觉得不舒服,那妈妈就陪着你待会儿。"……

青春期的孩子和父母沟通的意愿很强烈,即便是海绵型认知倾向的孩子,只要有适合沟通的良好氛围,他们也还是非常愿意和父母进行交谈。这类孩子,他们情感体验的强度和频率有时会超过父母的预期,对此父母一定要能接受和理解。

对于孩子尝试表达的情感,父母切忌武断地否定。孩子所述的感受都是他们的真实体验,父母的不理解或者否定,就会阻断孩子沟通表达的意愿。

父母尝试与孩子建立起交流的通道，充分尊重孩子的感受，引导孩子进行充分的表达，孩子的内在认知就能真正发生调整和转变。

积极处方二：学会划分情绪界限

父母因为事业、工作或者生活琐事，自身存在焦虑、烦躁等不稳定情绪时，要先处理好自我情绪，再去面对孩子。对于存在海绵型认知困扰的孩子，父母一定要尽量避免将自己的情绪带入到与孩子的相处中。如果父母受到情绪困扰，要学会和孩子建立"情绪界限"。"情绪界限"就是当父母有不稳定情绪时，明确告诉孩子，自己的这些情绪是因为工作或其他原因造成，而和孩子没有关系。比如，父母可以告诉孩子："我现在遇到了一些问题，所以有些不开心甚至焦虑，这些情绪不是因为你引起的。"对于此类孩子，敏感会让他们更容易受周围人的情绪影响，父母与孩子划分清晰的情绪界限可以避免让孩子卷入"无关"的情绪中。当孩子感受到父母的消极情绪，因为有情绪界限，他们就会有意识地避免归因到自己身上。

积极处方三：打破专制型教养方式

存在海绵型认知困扰的孩子，可能受到了专制型教养方式的养育。在专制型教养中，父母处于绝对强势一方，在与孩子的相处和交流中有很强的权威性。孩子不可以表达与父母相左的意见，他们的感受容易被忽略。父母希望孩子只是听话和执行，不可以提出异议，更不"需要"有自己的情绪和感受。如果孩子存在海绵型认知困扰，父母需要检查自己是否存在专制型的教养倾向。父母打破专制型的教养方式，与青春期孩子回到一个平等对话的位置，自己不再充当绝对权威，让孩子感受到被尊重，孩子就能够和父母去交流自己的感受和情绪。当孩子"斗胆"表达自己的时候，父母不要再对其视而不见或者批评否定，而要保持积极接纳的态度。

STEP 5 "海绵型自我认知"的转变要点

◎ 改变目标

引导孩子将自我认知从"我的感受不重要"转变为"我的感受真实并且重要"。

◎ 探知认知困扰

请父母和孩子通过下面的步骤，完成对孩子认知困扰的探索。

困境与破解

（1）父母和孩子一起讨论，孩子心里有没有下面类似的想法和感受：

"我的感受说了也没有用。"
"我的情绪会带来麻烦。"
"爸爸妈妈的情绪我只能全盘接受。"
……

（2）父母邀请孩子一起谈论与下述想法有关的经历，比如：

"当我有情绪的时候，我会怎么做？"
"什么经历让我觉得自己的情绪很麻烦？"
"我感受到好朋友的情绪时会做什么？"
……

（3）父母邀请孩子一起谈论彼此的感受。

孩子的感受：

"这件事情当时带给我什么感受？"

_____

"当别人有情绪时，我会担心和自己有关，这种担心会让我有什么困扰？"

_____

"认为自己的情绪很麻烦，这个想法让我感觉怎么样？"

_____

父母的感受：

"听到你告诉我们这些经历，爸爸/妈妈是什么感受？"
_____

"听到你说自己的情绪很麻烦时，爸爸/妈妈是什么感受？"
_____

"听到你说别人的情绪都和自己有关时，爸爸/妈妈是什么感受？"
_____

（4）父母邀请孩子一起讨论这个认知可能带来的困扰

学习方面的困扰：_____

交友方面的困扰：_____

生活方面的困扰：_____

其他方面的困扰：_____

◎ 剖析认知困扰

（1）请孩子写下自己的这类想法。

我觉得我的情绪_____
我觉得别人（朋友、父母）的情绪_____

（2）和孩子一起剖析他们关于情绪的看法。

困境与破解

对待自己和对待别人有没有不一致？

"我的情绪是真实的吗？真实的情绪是要告诉我什么？"

（3）根据上面孩子关于自我看法的问题，父母和孩子一起调整孩子的自我认知。

下面有一些例子，可以变换内容参考使用。

参考一

孩子原有想法："我的感受说了也没有用。"

孩子转变想法："自己的感受得到表达和处理，才能让自己的情绪变好。"

参考二

孩子原有想法："他人的情绪我只能全盘接受。"

孩子转变想法："那些糟糕的情绪是他们自己的，和我没关系。我不需要接受它们。"

参考三

孩子原有想法："我的情绪会带来麻烦。"

孩子转变想法："情绪是我的真实感受，它不是麻烦，它在提醒我关注它背后的由来。"

（4）转变之后，孩子的感受怎么样？

_____

（请结合心灵转变手账一起使用。）

延伸内容

父母养育误区：情绪绝缘体

有的父母对于孩子的情绪视而不见，或者将情绪视作无用之物。这是很大的一个养育误区。

◎ 误区扫描

孩子懂什么，小题大做

情绪绝缘体的父母，他们不认为自己的情绪宣泄会给孩子造成什么影响："不就是骂了两句吗？小时候我不仅被骂，还天天挨打，不也一样长大了。""什么情绪不情绪的，小题大做。"持有这些想法的父母并不在少数，很多成年人看不见自己的情绪，也否认孩子对于情绪的感知，他们把孩子对情绪的反应看作无病呻吟，不予理睬。

孩子没说，就代表他没事

情绪绝缘体的父母认为，孩子没有大喊大叫，没有批判反驳，没有大哭吵闹，就代表他们的内心也一样平静无事。他们只是通过孩子的外在行为来判断影响的大小和程度。事实上，孩子可能迫于对父母的害怕，而选择缄默不语；也可能由于家庭没有建立起好的沟通模式，孩子感受到了痛苦却不知道该如何表达和沟通。"我恨极了那个暴躁的父亲。""我不知道做了什么，他就让我滚，我早就烦透了这个地方。我一定离开这里，再也不回来。""我们只是在讨论别人的一件事情，可是妈妈突然就会把话题转移到数落我上来，比如数落我期中考试成绩太差，我觉得特别莫名其妙。""她骂我，说我自以为是，难道表达自己的想法就是自以为是吗？我还是不说话算了。"

孩子的内心都有丰富的感知，他们不表达，只是找不到方式或者不想表达而已。没有表达的情绪不会自动消失，会累积在孩子的心里。

情绪没用，不要浪费时间

情绪绝缘体的父母认为情绪不过是一些矫情无用的东西，就是多愁善感，不能提升成绩，没有用处。他们简单地切断对情绪的关注，以便于让孩子更好地投入到"有用"的事情上。因为情绪无用，所以他们也不会花时间去管理情绪。情绪是什么，有了情绪怎么办，这类事情被此类父母认为没有任何意义和用处，他们不愿意花费时间和精力投入其中。

◎ 误区来源

缺乏对情绪的觉察意识和处理办法

持有此类认知的父母,很少觉察自我情绪。他们可能在成长经历中,由于自己的情绪没有被看见过,所以并不知道情绪是什么。在他们的内心体验中,只有混沌一团的"郁闷感",他们很少觉察、理解和接纳自己的情绪,没有去觉察情绪的习惯,也缺少处理情绪问题的方法。因此他们面对自己的孩子在成长过程中的情绪只能选择否定和忽略——一个从来不知情绪为何物的父母,缺乏对孩子情绪觉察的能力。

对情绪持有偏见

情绪被等同为多愁善感、无病呻吟,被此类父母认为是无中生有的东西——情绪看不见摸不着,都是孩子自己"作"出来的,无聊不上进才会想这些没有用的东西;他们认为对待这种无中生有的东西,最好的方式就是视而不见,看不见就不存在,越是重视,孩子就越会"蹬鼻子上脸"。

宽以待己,严以律孩

挑剔孩子的问题是容易的,父母可以作为权威者对孩子发号施令和给他们制定要求,但是却很少用相同的标准对待自己。比如，有的父母要求孩子做到持之以恒，自己却很难坚持做好一件事情。当不能用同样的标准要求自己时，他们会把孩子达到某个要求看作是非常容易的事情。在他们看来，非常容易的事情孩子都没有做到时，他们就有充分的理由训斥孩子。他们可以因为孩子没有做好而大发雷霆，看上去好像是为了孩子，实际上不过是自我目标未达成的宣泄。这种大发雷霆的方式，除了给孩子带来恐惧，没有任何益处。

◎ 误区陷阱

孩子是海绵，会吸收和发酵周围的情绪

孩子对周围情绪的感知能力非常强，他们不仅会感知，还会吸收并影响自己的情绪。如果孩子的情绪没有被有效地疏导，他们就会夸张自我的感受，而且青春期孩子所感受到的和表现出来的并不一致。一个看上去平静少言的孩子，内心可能有强烈的情绪感知；一个脾气暴躁的孩子，内心可能敏感而柔软。孩子在自我的世界里，借助主观想象和抽象思维，体验着深刻丰富的情感。

孩子会将所有的事情都揽在自己身上，"都是我的错"

面对父母的情绪和训斥，孩子的认知中倾向于认为都是"我不好"，所以才这样。"我不能持之以恒""我太粗心

了""我表现得太差劲了"……在孩子的世界里，他们还不能从父母的角度找原因，认为"因为我才会这样"，所以"我是很不好的，没有价值的"。

情绪的"遗传"

情绪的处理方式会随着代际遗传下去，孩子会从父母身上学习处理情绪的方式。当父母采用对情绪否定和回避的处理方式，孩子也会无意识地习得这种情绪处理方式。这种处理方式，不是一种积极对待情绪的方式，对情绪的压抑和否定，会带给孩子很多潜在的身心问题。

问题扫描：灰色心情常态

孩子心事重重，经常情绪消极低沉，难以真正开心和快乐。他们可能还表现出对周围的人和事满不在乎，或者挑剔责备。这种满不在乎或挑剔责备也表现在他们对待自己的态度上，他们找不到真正能让自己投入和发生强烈兴趣的事情。为什么他们的眼睛看到的世界如此灰暗？他们到底在抱怨什么？

第六章 鸿毛型自我认知困扰 我没有价值

- 识别"鸿毛型自我认知"
- 解读"鸿毛型自我认知"
- 探析"鸿毛型自我认知"
- 破解"鸿毛型自我认知"
- "鸿毛型自我认知"的转变要点

困境与破解

> 故事
> 片断

没有等来的生日蛋糕

那天,小由在家里等了一天。终于等到爸爸的开门声,她迫不及待地跳起来蹦到门口。但是,小由看到爸爸手里空空的。

爸爸的脸色很差,看上去不太高兴。

小由轻轻问了一句:"爸,我的生日蛋糕呢?"

小由爸爸:"我忘了。今天太忙。"

小由不敢再问了,她回到自己的房间。

坐在桌子前面,小由的眼泪滴滴答答往下掉,她期盼已久的生日,泡汤了。

"别哭了!不就是个蛋糕吗,有什么好哭的。一点都不懂事,没看大人都累死了。"小由爸爸生气地吼道。

听到爸爸生气了,小由不敢再哭出声。

小由说她最盼望过生日,戴上生日帽感觉自己就像是公主。为了这个生日蛋糕,她已经兴奋了一周。这一周,每天她都在想爸爸会给她买个什么样的蛋糕,她也早早想好要许什么愿望了。可是,爸爸却忘了。她去年的生日,爸爸就因为工作忙,忘记给她过了。小由回忆起这个场景,说那个时候的自己,心里很失望,但是又不敢失望,她想的更多的是:"难道爸爸说得对,我不懂事?我不该过生日,不该要蛋糕?不该幻想自己是公主?"小由说很多问题自己想不明白。从那之后,她不敢问爸爸再要生日蛋糕,自己也不过生日了。

"因为我是女孩子吧"

早上七点半,小紫知道小朋友们都要去上学了。她悄悄地从房间爬到阳台,通过阳台的缝隙处,看着小朋友们三三两两地背着书包去上学。等到下午五点,小紫又偷偷摸摸地从房间爬到阳台,等着看小朋友们成群结队背着书包放学回来。

"每一天,躲在阳台后面的我,似乎像是做了什么见不得人的事情。"小紫在说这些话的时候,嘴唇咬得很紧,眼睛直直地看着前面。

那一年,她的弟弟刚出生,所有人都欢天喜地的,奶奶说总算盼来了男孩。因为爸爸没给她办好转学手续,她开学第一周只能待在家里。小紫生活在一个小镇上,从她记事开始,照顾她的奶奶经常重复念叨一句话:"小紫是女

困境与破解

孩,以后不知道要嫁到哪里去。"弟弟出生后,一家人都很高兴,小紫上学的事却被耽误了。爸爸说因为当时家里忙,要延后一周才能去办手续。虽然确实一周后,爸爸给小紫办好了转学手续,但是上了中学的小紫依然记得自己躲在角落里的窘迫。小紫心里给自己的解释是:"因为我是女孩子,所以弟弟出生后我就被忽略了。"

上初中时,小紫听到老师告诉爸爸:"如果小紫保持这个成绩就能进重点高中,以后可以考个很不错的大学,前途很好。"小紫觉得是因为这个原因,周围的人开始重视她。于是小紫就更努力地学习,"我的价值只是好成绩"。

STEP 1 识别"鸿毛型自我认知"

信号一:自我否定

持有鸿毛型自我认知的孩子,言语中多是对自己的挑剔,他们习惯于否定自己。和比较型自我认知困扰不同,存在鸿毛型自我认知困扰的孩子并不关注周围的人,他们对自我的否定不是出于比较,而是来自于低自我价值。鸿毛型自我认知也不同于缺陷型自我认知,存在缺陷型认知困扰的孩子关注行为中自己的不足和问题，认为自己不能做好事情，而存在鸿毛型自我认知困扰的孩子是从根本上否定自己的价值。他们会从经验中摘选关于自我的负面信息，用以不断强化没有价值的自我评价。此类孩子很少在人群中表达自己，他们对自己在人群中的表现不满意，认为别人不会对他们感兴趣。此类孩子刚到一个新环境时，会试探性地参与，一旦没有得到周围的人的反馈，马上就会退缩，"我就知道，他们肯定对我说的没有兴趣"。

信号二：挑剔他人

此类孩子习惯挑剔和否定父母、家人和朋友，他们对周围的人的友善和用心不敏感，在群体中常常扮演扫兴者的角色。孩子挑剔的态度还会激起父母不友好的反馈，从而引发亲子冲突。这种互相挑剔和不友好的关系反过来让他们不断强化内在的想法——"看吧，我就说他们不喜欢我""我就知道我说的话没人愿意听""他们根本就看不上我"。孩子用挑衅和挑剔的行为探知他人的反应，不断重复检验和强化鸿毛型自我认知。

信号三：追求成绩

持有此类认知的孩子，他们可能会表现出对成绩和成功的渴求。为此他们会很努力，但是取得成绩之后，他们并不会真正开心，也不会因此而肯定自己。他们对结果看得很轻，仿佛是为了交差，只是为了完成任务。当没有考出好成绩或者取得好的结果时，他们就会很沮丧，还会因为没有获得证明自己的结果而挑剔和讨厌自己。

心理学链接 充分发挥功能的人

　　理想的人生是一个过程，而不是一种生活状态。它是一个方向，而不是一个终点。人本主义心理学家罗杰斯把达到获得生活的最佳满足感这一目标的个体称为充分发挥功能的人。充分发挥功能的人，对自己的经历持开放的态度，他们不愿意陷入固有熟悉的生活方式中，他们愿意去寻求新的体验，试着迎接生活的各种体验。这类人通常会相信自己的感觉，只要觉得对的事情，他们就会去行动。他们关心别人的需要，但不会屈从于社会期待的角色要求，而会选择符合自己兴趣、价值观和需要的道路。充分发挥功能的人能比其他个体更加深刻、强烈地体验到自己的情感，他们接受并表达自己的情感——包括积极情感和消极情感。他们对自我情感的敏感性，使得他们的生活体验更加丰富和深刻。

STEP 2 解读"鸿毛型自我认知"

内心最强音一：没有人真正喜欢我

持有鸿毛型自我认知的孩子，他们的内心最强音是"没有人真正喜欢我"。因为自己没有价值，就理所应当不被人喜欢，"和大家在一起的时候，我说什么别人也不会在意。我知道这很正常，因为没有人对我感兴趣（或没有人喜欢我），我不要自讨没趣"，孩子内在不断重复类似关于自己没有价值的看法。

内心最强音二：价值是外在的

持有此类认知的孩子，他们认为自己没有价值。对他人而言他自己本身不存在意义，只有达到某个目标、取得某种成绩，才不会让周围的人（父母、老师和朋友等）失望。这些成绩和目标的达成是外在的，并不能体现和证明自己本身所具有的价值。对孩子来说，他自己只是实现成绩和目标的一个工具。这些成绩和目标是别人所看重的，只有取得了成绩、实现了目标、完成了任务才能让周围的人喜欢自己，接受自己。

内心最强音三：优点都是"怪物"

在此类孩子的认知中，缺少优点和长处视角。他们不能看到自己和他人的优点，让他们发现自己或者他人的优点是一件很困难的事情。对于没有价值的个体，优点和长处是一件稀缺的事物。当别人对他们肯定时，他们总是漫不经心地回答："这个算优点吗？我觉得很平常，大家不是都这样吗？""这有什么？这个太容易的，根本算不上什么优点。""要什么长处，都是没用的东西。"

STEP 3 探析"鸿毛型自我认知"

心灵困扰一：羞耻感体验

孩子觉得自己没有价值，可能是因为成长经历中伴有羞耻感的体验经历。孩子将羞耻感归因于自我的问题，认为自我没有价值，他们的存在对他人来讲可有可无，不管在什么环境中，他们都是被忽略的和无价值的。有的时候，当自己的环境或处境独立于人群时，他们的这种无价值感会让他们感觉被孤立。这种被他人忽略和孤立的感受都可能带给孩子羞耻感体验。

心灵困扰二：**情绪抑郁**

孩子感受不到他人对自己的认可和喜爱，他们认为没有人对自己感兴趣，没有人会喜欢自己，这样的念头会伴随着深刻的、无法释然的难过和悲伤。即便自己取得了好成绩，也是成绩获得价值，而不是他们自己。归根到底，自己是一个不受欢迎的人。此类孩子缺少快乐的体验，他们长期的悲伤感受可能会逐渐转变为抑郁情绪。

心灵困扰三：**自我厌弃**

此类孩子对自己没有好的感受。有些孩子甚至可能会觉得自己是廉价和令人讨厌的，他们也可能产生自我厌弃感。即便身边的朋友真心地喜欢他们，他们也可能怀疑这种喜欢的真实性，觉得这种喜欢不过是怜悯，并不能因此增加自我价值感。这种自我厌弃随着时间的推移，可能会发展出更严重的心理和行为问题。

心理学链接 **真诚和一致性的亲子关系**[8]

在真诚和一致性亲子关系中，父母不以权威和优势的姿态出现，他们较少持有偏见和权威，孩子发生积极变化和成长的可能性更大。美国人本主义心理学家卡尔·罗杰斯把这种状态称为"透明"状态。在这个状态中，双方都是真诚和投入的，彼此之间没有不必要的掩饰和隐藏，孩子可以感受到父母的真诚和投入，愿意将自己的状态和父母分享。

心理学链接 共情式理解的亲子关系

在共情式理解的亲子关系中，父母能够准确地觉察孩子的感受和内在认知，并且能把这种理解传达给孩子。这种共情式理解使得父母真正深入孩子的内心世界，弄清楚孩子内心的意义感，发现其行为和表现背后的深层动机。这种积极的体察式倾听常常不容易做到，很多时候父母认为自己在倾听，但是往往没有带着真正的理解和共情来倾听。当孩子得到他人（特别是重要的人，如父母、老师）的接纳和重视时，孩子就会对自己更关注，父母就能更准确地倾听孩子丰富的内在体验。当孩子理解和重视自己时，自我与其体验会更加一致，他们因此变得更加真实和真诚。这些倾向会使孩子不断趋向自我成长，他们会产生更强的动机使自己成为一个真正的完整的人，并为此不断努力和行动。

心理学链接 无条件的积极关注

罗杰斯认为大多数父母提供给孩子的都是"有条件的赞赏"。只有在孩子符合自己的期望时，父母会提供爱；如果父母对孩子的行为不满意，他们就会收回爱的表达。孩子因此获得经验，只有符合父母的期望，做了父母希望他们做的事情，才能得到父母的爱——这种关注是以他们的行为作为条件的。这样，孩子就会放弃真实的情感和愿望，只接受自己身上被父母赞许和认可的部分，拒绝自己的缺点和错误，对自我的了解越来越偏颇；他们否认和扭曲对自我的认知，失去了与自己情感的联系，成为不能充分发挥功能的人。矫正的良药就是无条件的积极关注。

无条件的积极关注是孩子知道无论做什么，都会被父母接受和爱。父母即使不满意孩子的某些行为，也会和孩子交流，会一直爱孩子，接受孩子。在无条件的积极关注下成长的孩子，他们不需要拒绝爱和关注，能够自由地感受身体的所有体验，把错误和缺点也纳入自我概念中，体验真实的生活感受和自我经历。

STEP 4 破解"鸿毛型自我认知"

如果孩子存在鸿毛型自我认知困扰，父母可以从重新赋值、排除同伴困扰、破除社会偏见等方面入手，帮助孩子破除认知困扰，形成新的自我认知。

积极处方一：为孩子重新赋值

"我没有价值"的认知可能是孩子在长期被责备的环境中发展出来的。有的孩子因为一件极小的事情，比如没带钥匙、弄丢铅笔、吃饭太慢、不愿打招呼等小事情，会被父母狠狠地责备甚至打骂。孩子并不知道自己的过失和行为不应该受到这种责备和打骂，只会认为是自己太糟糕，所以才会经常被责备和打骂。父母要帮助孩子调整这类消极认知，需要重新与孩子一起进行赋值，让孩子看到自己原本拥有的价值。重新赋值的尝试可以从彼此间的关系开始，父母可以明确地告诉孩子在彼此关系中他们有着不可取代、独一无二的意义，也可以和孩子一起回忆他们的成长经历给自己带来的感动和改变。

有一个女孩，她是家里的老二，敏感，不善表达。听妈妈说生养她不容易受了很多罪，于是她总觉得自己是累赘，给父母添了很多麻烦，如果没有自己，父母的生活会比现在好很多。妈妈意识到了她的这个想法，和她谈心。女孩说："听到妈妈说'这么不容易也要生下你，不宝贝才怪'，我突然觉得自己的误会有些滑稽，我一直以为我很糟糕，不该来到这个世界上，给他们添了这么多麻烦。没想到，这些'麻烦'其实恰恰体现了我的价值。"从这个案例可以看到，父母在帮助孩子重新赋值后，孩子调整了消极认知，就能重新看到自己珍贵的价值。

积极处方二：**帮助孩子排除同伴困扰**

孩子在成长过程中，同伴可能会带来重要影响，如果他们遭到同伴的讥讽、嘲笑，特别是同伴群体的集体讥讽，会受到持久的伤害。在现在的校园环境中，霸凌事件时有发生。有的孩子在经历之后，迫于同伴压力或者缺少有效的沟通途径，被凌辱的感受没有被有效地疏导和处理。孩子不清楚为什么自己会被欺负，只能从自己身上找原因，归因于自己天生不受欢迎。面对同伴的欺凌，孩子一般很难轻松地讲出来。这个时候，父母需要细致观察，从侧面了解孩子的情况，判断是否存在校园霸凌或者其他同伴关系困扰的问题。如果父母发现孩子可能在学校遭受了同伴困扰，可以通过后面文中转变要点部分的内容，引导孩子有效处理困扰，调整自我认知。

积极处方三：破除社会偏见对孩子的影响

"我没有价值"的这类认知还可能来源于社会偏见。有些女孩从小就听到"你是女孩子，女孩子是没有用的"一类的价值判断。老大是女孩，父母或者祖辈坚持一定要生男孩，类似此类男尊女卑的价值观在一些地方还在存续。父母依据性别对待孩子的双重标准，社会偏见对女性价值的贬低和忽略，可能深刻地影响到一些女孩青春期所形成的自我价值感。因此，持有此类认知的孩子，父母要看看她们是不是也被固有的社会偏见所影响，如果有就需要帮助她们破除这些消极影响。

STEP 5 "鸿毛型自我认知"的转变要点

◎ 改变目标

引导孩子将自我认知从"我没有价值"转变为"我是独特的,有自己的价值"。

◎ 探知认知困扰

请父母和孩子通过下面的步骤,完成对孩子认知困扰的探索。

(1)父母和孩子一起讨论,孩子心里有没有下面类似的想法和感受:

"没有人真正喜欢我。"
"我是多余的,没有价值和意义。"
"我是不受欢迎的。"
……

(2)父母邀请孩子一起谈论与这些想法有关的经历。比如:

"孩子对自己的看法起源于什么事情?"
"有没有某些经历和这种感受相关?"

"当时孩子自己对这件事情的处理方式是怎样的?"

"当时在这件事情的处理过程中,孩子感受到的父母的态度是什么样的?"

……

(3)父母邀请孩子一起谈论彼此的感受。

孩子的感受:

"这件事情当时带给我什么感受?"
_____

"我现在对这件事情有什么感受?"
_____

"认为自己没有价值,这个想法让我感觉怎么样?"
_____

父母的感受:

"听到你告诉我们这些经历,爸爸/妈妈是什么感受?"
_____

"听到你说自己没有价值,爸爸/妈妈是什么感受?"
_____

(4)父母邀请孩子一起讨论这个认知可能带来的困扰。

学习方面的困扰:_____

困境与破解

交友方面的困扰：_____

生活方面的困扰：_____

其他方面的困扰：_____

◎ 剖析认知困扰

（1）请孩子写下自己的这类看法。

我觉得我_____

（2）父母和孩子一起剖析他们关于自我价值的看法。

是否存在绝对化？（看法中包含"一定""必须""肯定"……）

_____

是否存在过分概括化？（看法中包含"总是""所有""一切"……）

_____

是否存在极端消极想法？（看法中包含"一切都完了""糟糕透顶""一塌糊涂"……）

_____

（3）根据上面孩子关于自我看法的问题，父母和孩子一起调整孩子的自我认知。

下面有一些例子,可以变换内容参考使用。

参考一

孩子原有想法:"没有人真正喜欢我。"

孩子转变想法:"他们因为爱我和喜欢我,才会为我做这些。"

参考二

孩子原有想法:"我是多余的,没有价值。"

孩子转变想法:"身边的人的反馈,说明了我的价值和意义。"

参考三

孩子原有想法:"我是不受欢迎的。"

孩子转变想法:"爸爸/妈妈爱我,我的朋友喜欢我,我也爱自己。"

(4)转变之后,孩子的感受怎么样?

_____

(请结合心灵转变手账一起使用。)

问题扫描：谨小慎微的成熟

孩子小心翼翼地探知父母对自己行动的反应，他们特别害怕受到批评，当结果不好时会慌张甚至惊恐。他们可能表现出超过同龄孩子的懂事和自觉，很少提出要求（一般只有在他们出色表现时才会向父母提及自己的某个要求）。他们表现出来的过分乖巧是一种超过同龄人的成熟和谨慎。他们这份小心翼翼和谨小慎微的背后是在害怕什么呢？

第七章

筹码型自我认知困扰
爱是有条件的

- 识别"筹码型自我认知"
- 解读"筹码型自我认知"
- 探析"筹码型自我认知"
- 破解"筹码型自我认知"
- "筹码型自我认知"的转变要点

延伸内容 父母养育误区：成功独木桥

困境与破解

> **故事片断**

刺猬妈妈

"我的妈妈,最里面是柔软的,中间有个坚硬的壳,外面满身是刺。我想贴近妈妈柔软的部分,但是刺扎得我太疼了。"小欣这样描述自己对妈妈的感受。

小欣的妈妈是个能干的事业型女强人,在家里妈妈是绝对的权威,小欣对妈妈有几分崇拜。"妈妈只有在我考了好成绩的时候,才会对我很温柔。妈妈是爱我的吗?如果我是个学习不好的孩子,妈妈就不会爱我吧?"在小欣看来,妈妈从来不会心平气和地跟自己聊天,对她总是各种挑剔,外貌、身材、学习和特长,妈妈能数落出自己一箩筐的问题。妈妈就像刺猬一样,小欣一挨近她就会被扎得遍体鳞伤。小欣多吃两口饭,妈妈会说:"别吃了,都快肥死了。"妈妈还会说:"你的牙齿怎么这么难看,我要是你,都不好意思张嘴说话。""你以后是要去××学校的,天天跟这些人混,你迟早也要跟他们一样没出息。""看你挑的衣服,都什么审美,难看死了!"……小欣只要和妈妈在一起,耳朵听到的全都是这样的话。

小欣知道妈妈要求高是为自己好，但是她有的时候分不清楚这是对她的高要求，还是对她的挖苦讽刺。只有小欣考了好成绩，妈妈的态度才会不一样，那个时候好像小欣做什么都是可以的，否则就完全是另外一个样子。小欣和妈妈极少有肢体上的接触，小欣从来不敢碰妈妈，也不习惯妈妈碰她。小欣偶尔还会挽着她家保姆的胳膊，但一碰到妈妈，小欣就感觉像触电一样不舒服。

小欣知道妈妈很棒，给自己提供了很好的条件。但是看着身边朋友很亲密地和妈妈聊天逛街的样子，小欣心里挺羡慕的："我希望自己能开心一点，轻盈活泼，可是妈妈带给我的就像黑色旋风，沉重地压着我，我快要失去飞起来的能力了。更可怕的是，我妈妈对此一无所知，她还在继续用尖刻、挑剔和严苛的刺，一针一针扎在我身上。好像只有我满足了她的要求，那个刺才会暂时收起来。但是我怎么能保证一直满足她的要求呢？"

好表现换好心情

"妈妈说上了初中要当班干部，我就报名竞选班委；妈妈说学习成绩要好，我就努力学习。妈妈说什么我都努力去做到，但是每个周末回到家，妈妈还是觉得我这也不好那也不好。有一次在学校，我肚子实在疼得厉害，打电

困境与破解

话让妈妈来接我。妈妈来了很生气，说我太娇气。我是真不舒服才让妈妈来接的呀。爸爸工作在外地，平时周末回家只有我和妈妈两个人，我很小心地不惹妈妈生气，但好像怎么做都不对。妈妈很容易发脾气。我知道妈妈工作很累，爸爸在外地，妈妈一个人照顾我很辛苦。我真的很尽力要做一个乖孩子，在学校遇到难过的事情，从来不会和妈妈说。我都挑好的说给妈妈听，可妈妈好像还是不满意。我不知道怎么才能让妈妈满意。妈妈很少对我笑，我想用好的表现换妈妈的好心情，但是好难。"

说出上述这番话的小美是一个乖巧懂事的班干部，学习、工作表现优秀，但小美并不开心，每周和妈妈的相处变成困扰她的事情。小美不知道怎么才能让妈妈满意，她希望自己在学校能够有再多一些的好表现来交换妈妈对待自己的好心情。

心理学链接 主动爱的能力[9]

大约在 8~10 岁之后，儿童开始发展出来通过自己的努力去唤起爱的意识，孩子第一次感受到要送给父母东西来表达爱。这是他们生命中第一次从被人爱变成爱别人。开始用行动来表达这份爱，这是孩子创造爱的萌芽。从萌芽阶段到成熟阶段要经历一段很长的时间。

在这个阶段之后,孩子不再以自我为中心,他们开始把自己的要求和他人的要求放在一起来比较和衡量。孩子不再任意地向他人索取,他们在给予他人的时候收获到了新的感情。这种感情让他们感受到富足和幸福,这种感受是前阶段被动接受爱的时候所不能体会的。进入创造爱的阶段之后,孩子开始体会到给予比得到更能带给他们快乐和满足,借由这种感受的发展,他们不再限于孤独的自恋,而开始走向广阔和主动的爱的世界。

不是所有的孩子都能够从创造爱的萌芽阶段顺利发展出爱的能力。有些孩子给予爱的机会可能被剥夺,他们表达爱的行为可能被否定和拒绝。当他们爱的行为被父母忽略或者被父母判定为无意义、无价值时,他们在爱中体会到的富足和幸福感就会消失,剩下的只是这种行为带来的羞耻感。

STEP 1 识别"筹码型自我认知"

信号一:报喜不报忧

持有筹码型自我认知的孩子,平常会对父母报喜不报忧。他们基本上不和父母谈及自己不好的方面,从来不会或极少和父母沟通他们的压力、担忧和坏情绪。他们考了好成绩，得了奖励，会迫不及待地汇报给父母；但当有不好的结果和表现时，此类孩子会选择沉默和回避，会尽可能地隐瞒和遮盖自己的不好表现。此类孩子只希望父母知道自己的好成绩和好表现，而压抑和隐藏自己内心的消极感受、体验、情绪和想法，不敢让父母知道。

信号二：渴求表扬

存在此类认知困扰的孩子，表现出比其他孩子更强烈的获得肯定和表扬的渴望。为了不断地获得表扬和肯定，他们始终鞭策自己努力和进步，尽力保持自己的优秀和出色。他们认为只有优秀和出色才能得到父母的肯定，这种对父母肯定的渴求比结果本身更重要。所以，我们会看到此类孩子非常在意父母的表扬，而害怕父母的批评。

信号三：不安全感

这类孩子因为做不到时时刻刻都让他人满意，大大小小的马虎和过失让他们容易处于患得患失的不安全感当中。他们担心因为自己的问题把事情搞砸了，这样就不能达到父母的期望，父母就不爱自己了。这种对行为的不确定感始终伴随着孩子。对于多子女的家庭，有些孩子特别在意对父母爱的争夺，在争夺爱的过程中，他们对爱的持久没有信心，也会出现这种不安全感。

心理学链接　"忘我"的母亲对孩子的影响[9]

母亲认为孩子可以通过她的"忘我"认识到什么是被人爱，认识并学会什么是爱。但是孩子并没有表现出他们是幸福的，他们是被人爱的；他们一个个胆小、紧张，担心受到母亲的责备并想方设法满足母亲的愿望。一般来说，他们会受到母亲的那种隐蔽在深处的对生活的敌意和恐惧的传染，他们更多地是能感觉到，而不是认识到这一点。孩子生活在一种不能使母亲失望的压力下，人们在道德的假面具下教育他们要轻视生活。

STEP 2　解读"筹码型自我认知"

内心最强音一：被爱是因为我表现好

"爱是有条件的"，这个内心最强音使得此类孩子认为只有自己表现好，才能得到父母或重要他人的爱。在这种认知中，爱的获得是有条件的，爱不是始终存在的，而是会随着自己的表现好坏得到或失去。爱要靠自己不断的好表现和好行为才能获得和维持。爱对孩子是一种滋养，但是当爱是有条件的，要凭自己的努力或者表现才能争取到，那这种爱就不是滋养，而是一种需要争夺的资源。在这场关于爱的资源的争夺中，孩子时刻处于爱的匮乏和担心失去爱的不安全感中。

内心最强音二：没有人会接受不好的我

父母是孩子最亲近的人，是孩子感受爱和获得爱最直接和最重要的对象。父母给予的爱应该是纯然的接纳，不倚赖于任何条件，无论孩子什么样，父母的爱都在。一旦孩子形成了爱的获得是有条件的认知，他们就会采取以自我表现来获得爱的行为：当行为结果不符合父母的预期时，他们就认为自己不配得到爱和接纳；当自己表现不好时，父母就会不再爱自己，自己就不再重要。他们认为父母不会接受孩子的缺点，没有人会爱不好的自己。

内心最强音三：爱是抢夺获取的资源

在多子女家庭中，持有此类认知的孩子会认为父母的爱是有限的。因为父母的爱是有条件的，只有表现好的孩子才能争取到父母的爱，得到父母的肯定才会被接纳。在家庭中，每个兄弟姐妹都在抢夺父母的爱，孩子会认为"我在和他们一起争夺这个爱的资源，我只有比他们表现好，只有在群体中胜出，才能获得宝贵的父母的爱"。

STEP 3 探析"筹码型自我认知"

心灵困扰一：**爱的匮乏感**

爱是孩子成长中的基本养分，当爱的满足是有条件的，需要争取和努力才能得到时，爱的需求就变成一种有限的满足，甚至是一种需要不断去争夺的稀缺品。"我获得爱，是因为我做了什么，或者是因为我表现好"，孩子这种对爱的认知不会给他们带来满足和被爱的感受，而会被他们认为是自己的行为或者好的表现所换来的结果，所以此类孩子不能体验到充盈的被爱的满足感，他们爱的需要一直处于匮乏中。

心灵困扰二：**患得患失的焦虑**

持有此类认知的孩子，他们所认识的爱总是有附加条件的，认为爱不是稳定持续的存在，他们要获得这种爱，就需要满足附加的条件。这些条件可能和成绩有关，也可能和自己的行为表现有关。爱对于孩子的心灵发展就像我们生存需要的空气和水一样重要，有条件的爱使得这种心灵必需品变成了限量的有条件供应的稀缺品。这时，孩子内在未能满足的爱的需要就会变形为他们内心的焦虑不安，让他们担心表现不够好而不能得到爱。

此类孩子会积极地参加各种活动、比赛和考试，但是每一次他们都会特别担心自己得到的结果不好，不能达到父母的期望。他们由于担心自己得到的结果不能达到预期，而造成不能全神贯注投入活动或者考试，有的时候这种焦虑程度会超过孩子能够承受的程度，严重的时候孩子还可能出现血压升高、腹泻、心跳过速、偏头疼等躯体症状。一个高二的女孩，每到考试之前就会出现头晕，去医院检查血压最高的时候会达到170，但身体检查却没有其他问题，她的血压异常很大部分是过分担心考试结果造成的。她说每一次考试前几周开始，自己的头脑里就会不断重复"我考不好，就完蛋了""达不到爸爸妈妈的预期，他们就会很失望""我总是让他们失望"的念头，"我怕极了考试，我害怕考不好，特别害怕"。

心灵困扰三：对爱的误解

持有筹码型自我认知的孩子，把爱看作是一种回报，是自己的战利品。他们认为没有无缘无故得到的爱，爱不可能是无条件获得的，只能依赖于自己的表现和行动，因此他们将得到的爱看作是自我争取的结果。在这种认知下，爱已经不再是本来的样子。孩子不能从这种爱中得到心灵的滋养和力量，这种爱是他们自己用筹码去交换来的。

真正的爱本来应该是无条件的，应该是"不管我是什么样，我都是被爱的""他们爱我，是因为我值得爱""爱一直存在，它不会消失，也不会减少"。当这些真正爱的样子被孩子所持有的筹码型认知扭曲和变形时，爱就被误解成自己的交换所得，是自己好的表现所换取的交换品。持有此类认知的孩子对爱的认知出现了严重的偏见和扭曲。

心理学链接 **好的母爱**[9]

当孩子还小时，母亲不应该同孩子分离，应该无条件地陪伴和爱褪褓中的婴儿，为幼小的生命提供照顾和呵护。但是当孩子处于应该同母亲分离的阶段时，有些专制、自恋和贪婪的母亲会拒绝与孩子的分离，她们用种种方式控制孩子的生活，在孩子的生活中体验着权威和力量，她们的爱变成了一种控制。美国心理学家艾里希·弗洛姆认为这种母亲的爱只是因为母亲自己需要，"以爱的名义"常常就是这样的出发点。

只有真正有能力爱的母亲，真正找到自我生命意义和价值的母亲，真正具有安全感和生命力的母亲，才能坦然面对与孩子的分离，并且在分离之后，依然有自己生活的好的模样。当一个母亲在孩子需要分离和独立的时候，还完全把控孩子的生活，这样的母亲常常不是真的爱孩子，她们只是需要孩子，需要在孩子身上体验到自己的存在感，在孩子身上实现控制感。这种爱不但不是成熟的母爱，更不是一种健康的母爱。对于这种母爱,孩子感受到的只有压力和控制。随着自由和主动性被剥夺,主体性也会随之消失。

STEP 4 破解"筹码型自我认知"

积极处方一:切断爱与奖励之间的交换关系

孩子形成"爱是有条件的"认知困扰,可能是因为父母在养育过程中将爱作为惩罚或者奖赏的条件来规范和约束孩子的行为。对于孩子来说,他们成长阶段所有的东西都依赖于父母提供,当父母以"不爱"作为威胁的手段时,可以起到立竿见影的震慑作用。

父母以爱为条件的"交换"可能在很小的时候就出现。比如,三岁的孩子玩耍时因为和小伙伴抢玩具,哭闹不停,如果大人用"不许哭,你再哭,我们就不爱你了"来吓唬孩子,孩子可能会立刻停止哭泣,变得很听话,但是心里留下的是"我哭不乖,他们就不爱我不要我了"的认知;四岁的小男孩在兴趣班上不能专心上课,如果听到妈妈说"下次要是兴趣班上你还是调皮捣蛋,妈妈就不爱你了,再也不给你买巧克力吃了",孩子就会着急地告诉妈妈"我再也不调皮捣蛋了"。对于更大一些的孩子,父母可能会将"我不爱你"变成其他形式。比如,"你这次考试这么差,我们取消所有暑期安排""乖孩子,你好好表现,如果这次比赛得了第一名,你要什么爸爸都答应你"。这些在孩子看来都是带有条件的爱,只有自己表现好,符合父母的要求和期望,才能得到他们的爱。

切断爱与奖励和惩罚之间的关联,是引导孩子调整"爱是有条件的"的认知的最有效的处方。

爱意味着分享、温暖、亲近和支持,这些和任何外在的表现没有必然的联系。比如,进入初中,孩子学习不适应,考试成绩不理想,父母可以和孩子讨论学习习惯的问题、学习策略的提升,讨论的过程应该是沟通和探讨式的,而不是强迫和挑剔式的。又比如,青春期孩子出现了恋爱苗头,父母应该和孩子去谈论孩子在恋爱关系中关注什么,而不是以爱为要挟,简单地进行批判与否定。

爱是父母和孩子之间无条件的给予、关怀与支持所带来的温暖感受,这份感受不因任何外在的结果或表现而改变,父母给予的这样稳定持久的爱才能帮助孩子调整错误认知,让他们学会爱、接受爱,被爱滋养。

积极处方二:使用正确的方式表达爱

有些父母可能不懂得表达爱的正确方式,在养育过程中一直使用错误的方式来表达爱。有的父母认为严格管教孩子就是最好的爱，以后孩子有出息才是真正有用的；有的父母认为，不能无限地满足孩子的要求，否则孩子会被惯坏的，会有越来越多的要求，永远都满足不了；还有的父母认为，孩子表现不好的时候，就是要给他点厉害，这样他才能记住，而"我不要你了""我们不爱你了"是最立竿见影的方法。但是这些父母没有意识到这样做就给爱加上了条件。爱不是待价而沽的商品，孩子所有的"无理取闹"和"过度索取"，正是因为爱没有被充分满足所引起的匮乏感和焦虑感，得到了充分的爱的孩子不需要去争取和死守着爱，更不需要用各种手段来试探和验证爱。

心理学链接 合格的母爱和成熟的母爱[9]

合格的母爱是给予孩子无条件的关注，关心幼儿，维护和发展他们的生命，对孩子的生活和需求做出毫无保留的肯定和关注，但是这还不是成熟母爱的样子。成熟的母爱会带给孩子母亲对生命的热爱，对生活的希望和对世界的兴趣。母爱是乳汁，代表着对生命的维持和关爱，对生命的关心和肯定；母爱是蜂蜜，代表着生活的甘美，对生活的爱和活在世上的幸福。母亲对孩子的影响无论怎样高估都不为过。母亲对生活的热爱和对生活的恐惧都具有传染性，两者都会对孩子的全面发展产生深远的影响。

STEP 5 "筹码型自我认知"的转变要点

◎ 改变目标

引导孩子将自我认知从"爱是有条件的"转变为"爱不是有条件的,爱的表达需要学习"。

◎ 探知认知困扰

请父母和孩子通过下面的步骤,完成对孩子认知困扰的探索。

(1)父母和孩子一起讨论,孩子心里有没有下面类似的想法和感受:

"只有我表现好、成绩好、优秀和出众,父母才会爱我。"
"没有人会接受我的不好,我不好就会被嫌弃。"
"爱要抢夺获取,只有争过他们,我才能获得爱。"
……

(2)父母邀请孩子一起谈论记忆中和这些想法有关的经历。比如:

爸爸/妈妈对孩子某一次成绩的反应是怎样的?
爸爸/妈妈有没有以爱为条件对孩子提过要求?

与兄弟姐妹争执时感受到的爸爸/妈妈的态度是怎样的？
……

（3）父母邀请孩子一起谈论彼此的感受。

孩子的感受：

"这件事情当时带给我什么感受？"
_____

"我现在对这件事情有什么感受？"
_____

"认为爱是有条件的，这个想法让我感觉怎么样？"
_____

父母的感受：

"听到你告诉我们这些经历，爸爸/妈妈是什么感受？"
_____

"听到你说爸爸妈妈的爱是有条件的，爸爸/妈妈是什么感受？"
_____

（4）父母邀请孩子一起讨论这个认知可能带来的困扰。

学习方面的困扰：_____

交友方面的困扰：_____

生活方面的困扰：_____

其他方面的困扰：_____

◎ 剖析认知困扰

（1）请孩子写下对爱的看法。

我觉得我_____

（2）父母和孩子一起剖析他们关于爱的认知可能存在的问题。

是否存在绝对化？（看法中包含"一定""必须"……）

是否存在过分概括化？（看法中包含"我不被任何人爱""所有人都不喜欢我""一切爱都是有条件的"……）

（3）根据上面孩子关于爱的看法的问题，父母和孩子一起调整孩子的自我认知。

下面有一些例子，可以变换内容参考使用。

参考一

孩子原有想法："只有我表现好、成绩好、优秀和出众，你们才会爱我。"

孩子转变想法："爱一直都在，但我和爸爸妈妈都需要学习正确表达爱的方式。"

参考二

孩子原有想法:"没有人会接受我的不好,我不好就会被嫌弃。"

孩子转变想法:"爱我的人会爱我的全部,没有取舍。"

参考三

孩子原有想法:"爱要抢夺获取,只有争过他们,我才能获得。"

孩子转变想法:"争夺来的是战利品,不是爱。父母之爱、兄弟之爱、朋友之爱都不需要争。"

(4)转变之后,孩子的感受怎么样?

_____

(请结合心灵转变手账一起使用。)

延伸内容

父母养育误区：成功独木桥

在"成功独木桥"的养育误区中，父母认为孩子的成才之路只有一条。父母认为所有的孩子都要经过同样的独木桥，只有在这场唯一的竞争中胜出才能走向成功。孩子成功是一个结果，闯过独木桥就代表着成功。

◎ 误区扫描

孩子只有唯一的成才之路

存在此类养育误区的父母，他们认为孩子的成才之路都一样，所有的孩子都要进入到一条竞争赛道。每个孩子都在一场跑步比赛中，他们从起点跑到终点，每个孩子的速度不同，跑到终点的快慢不一样，耐力也不同，有些孩子跑到中途就放弃了或者改道了，对父母而言只有最快跑到终点才是成功。所有孩子只有一个比赛项目可以选，如果孩子擅长跳高和游泳，而不是跑步，那这些孩子在这个赛道上就注定失败，不可能成为胜利者。

达到目标就是成才

此类父母认为所有的孩子都在这一条成才之路上,他们都是奔向共同的终点——这个终点被大多数父母设定为考入大学。还有一部分父母将终点设定为找到一份好工作。所有半路放弃或者改道的孩子都是失败者,他们被认为不成器。因此当孩子达到父母所设定的终点时,他们似乎就意味着完成了人生所有的任务,也实现了父母所要求他们实现的人生意义和价值。

在竞争中胜出才能成才

此类父母把孩子当作只能参与一个比赛项目的选手,他们认为在这个项目中谁最先到达终点,谁就能最先选择好的资源,落后的选手只能拿到差的资源。他们认为孩子要成功成才,就一定要掌握这个比赛项目的竞技方法,否则就会遭遇竞争失败,没有前途。在此类父母看来,孩子必须要训练这个项目的竞技方法,掌握了这套方法,就可以拔得头筹去抢到终点的好资源,否则就只剩下残羹冷炙。至于所有的孩子是不是都只能参加这一个项目,最后的好资源是不是真的好,是不是有更适合孩子的项目,拿到资源之后怎么办,此类父母并没有继续深入去考虑。他们只是拼命地摇旗呐喊,推着孩子去获得这唯一一个比赛项目的胜利。

◎ **误区来源**

有限的共同资源观

存在此类养育误区的父母会把发展资源看作孩子和他人所共享的，因为共同资源有限，孩子就需要通过竞争来争夺有限的资源。这个共同的竞争在青春期阶段大多被定为重点中学和重点大学。不管是在国内还是国外，好的大学名额都是有限的，这是父母认为所有人成才的必经之路，他们必须要让孩子在这一条赛道上成为最后的胜利者。当父母用有限的资源视角看待孩子的成才时，孩子就被赶上了一条没有区分的路，最后能走过独木桥的才是成功。父母日常反复念叨的是，"你要努力学习，考上好大学，以后才有出路""现在辛苦一点，等上了大学就轻松了""考上好大学，以后就有好工作"……

单一的结果导向

此类父母会把孩子的成长、成才看作是一个结果，而不是一个过程。他们希望得到的是最后的一个好结果，有了好结果就意味着孩子的养育成功了。他们忽略了孩子获得这个结果的过程，也忽略了孩子在获得结果的过程中的感受和经历。他们认为唯一重要的就是结果，"只要考上好的大学就前途光明""只要找个好的工作就一劳永逸"，而孩子在这个过程中经历的是痛苦还是愉悦，是挫败还是成长，是主动的追求还是被动的接受，这些都不被父母关注。忽略了对过程的关注，就意味着忽略了孩子的内心历程；忽略了孩子对过程的感知，就会只剩下一个孤零零的成绩——一个苍白、干瘪的结果。更重要的是，这个过程中孩子获得的能力和成长是什么，这些收获能不能帮助他们在今后更长、更复杂的人生道路上去战胜挫折，父母都无从得知。

局限的个体发展观

此类父母对孩子成才的判断标准可能是相对狭隘的。他们没有把孩子的成长作为一种贯穿生命始终的多元化发展——这不是某一阶段、某一方面的一个结果。孩子作为一个有多元发展潜能的个体，他们有着丰富的发展方向和路径。每个孩子的优势和特点各不相同，真正的成长是孩子在适宜于他发挥优势和彰显特长的环境下，完成身心的积极发展。

◎ 误区陷阱

削足适履的成长让孩子长成标准件

如果成才之路只有一条，评判标准统一，那么所有的孩子只能参与一个项目。但是事实上，孩子的发展路径不止一条，并不是所有的孩子都只能参加一个项目。每个孩子擅长的类型并不相同，比如有些孩子适合跑步，有些孩子擅长游泳，有些孩子喜欢跳远，还有些孩子对球类或者体操感兴趣。但是存在此类养育误区的父母，会不断地告诉孩子，"你必须掌握这一个项目的竞选方法，你没有其他的路可以选"。孩子就只能硬着头皮学习、训练和适应。如果是擅长这个项目的孩子，可能如鱼得水，而不擅长这个项目的孩子，必然会体会到强烈的挫折感。但是无论对哪一类孩子来说，他们的其他能力都会被遏制和压抑，这让他们成为一道流水线上生产出来的"标准件"。这样的"标准件"批量生产、数量巨大，他们的性能和用途都接近，一旦投入"市场"，就会成为"廉价"和"普通"的物品，没有任何竞争力和优势。更何况，很大一部分"标准件"还带有在被标准化的过程中留下的内在创伤和挫败感。

限制孩子的自我认知

孩子会在日常的教养中慢慢习得把自我的成才之路看作唯一的和有竞争性的，因此，他们对于成长和发展的观念也会局限于狭窄、单一、闭塞的视角之中。他们不会以开阔的视野看待自我的发展，不会以持续发展的观念对待整个生命历程，不会以多元的思维内观自我的特质。孩子在这种认知的影响下，缺乏对生命本质的真正感知，不能活出自我的样子，而是被戴上重重枷锁，把自己囚禁在父母所限定的圈套里，束缚手脚，阻碍自己的发展。

有限目标达成之后的空洞

当孩子把成才的终极目标定位于某个具体的结果，不管是考上大学还是找到工作，一旦这个目标达成之后，孩子会出现目标缺失的空虚和迷茫。他们使出全身力气实现所设定的"成才"目标之后，会发现事实上根本没有成才和成功可言。孩子考上好的大学，进了大学看到和自己具有同样优势，甚至超过自己的同伴比比皆是，自己除了考试的本领，其他的乏善可陈。目标达成之后他们没有看到父母嘴里所言及的"成功"和"成才"，这时孩子可能会产生严重的失落感。

同时，这种养育误区还会让孩子在目标达成之后，因缺乏新的目标而陷入空虚感。过去他们所有的动力都是为了这一目标的达成，而没有考虑过这个目标达成之后的情况。但是每个人的人生之路，不会到考上大学就停止，也不会因为找到一份好工作就结束。如果人生路上阶段性的目标被当成了终极目标，那就好像一直被灌输"爬到山顶就胜利了，人生就辉煌了"，但是孩子真的爬到山顶时才发现，这不过是一座连绵起伏的大山的极小一部分，可是他们已经没有力气再继续爬行，或者他们根本不知道该怎么继续接下来的路程。很多孩子到了大学之后的无意义感、空虚感都和此类养育误区有直接关系。

心理学链接 **父爱和母爱**[9]

母亲的作用是给予孩子一种生活中的安全感,而父亲的任务是指导孩子正视他将来会遇到的种种困难。

母亲应该希望孩子独立并最终脱离自己,父亲应该使孩子对自身的力量和能力产生越来越大的自信心。

问题扫描：努力却低效

　　孩子按照自己的想法一头扎进去，在自己的世界里闷头"努力"，但收效甚微。他们这份对于努力的执着，父母似乎不该反对，但是总会觉得哪里不对劲。在本章内容里，我们能看到这种"努力"的实质是什么，为什么无效，以及又该如何调整。

第八章

陀螺型自我认知困扰
努力投入就能得到我要的一切

- 识别"陀螺型自我认知"
- 解读"陀螺型自我认知"
- 探析"陀螺型自我认知"
- 破解"陀螺型自我认知"
- "陀螺型自我认知"的转变要点

困境与破解

> 故事片断

"我能自己搞定"

小武今年上高一,开学一个多月,老师发现小武经常上着课就犯困。老师问小武才知道,学校离他家较远,小武每天自己坐公交车往返学校。早上,由于担心堵车,为了赶上7点半的早自习,小武每天都要赶着乘坐5点40分的早班车;下午放学后,遇到晚高峰堵车,从学校回家在车上要坐1个半小时,这样每天来往路上差不多需要3小时。

班主任联系小武的父母,他的爸爸说:"我们也跟孩子说每天坐公交车去学校太辛苦,想每天送他上学或者给他拼个车,可是孩子不愿意。他说初中的时候都是自己上学,现在虽然远,自己也能跑。我们也拿他没办法。"

班主任找到小武,想和他谈一谈。没想到小武特别坚持:"老师您放心,我能够做到的。不就是少睡点觉吗,我没问题的。""小武,你为什么这么坚持呢?"老师问。"我初中就能做到,现在不就是时间更长一点,这不是问题。"

小武还是继续每天坐3小时公交车上下学,上课的时候犯困越来越多,在学校和同学们交流也少了,老师和家长都很着急。

拼命三郎

小左的中考成绩离他想上的重点中学的录取线相差很多。小左觉得现在的成绩是因为自己学习的时间不够,如果再多给一段时间,一定不是这个结果。可妈妈看到结果后反倒松了一口气,小左再这么学下去,身体都要垮了。

小左入学基础不好,上了这所重点初中之后他一直在努力提高自己的成绩。初一时学习效果不理想。到了初二,小左骑车回家的路上出意外伤到了腰部,医生建议他休学一段时间,等养好伤再继续上学。

但小左不接受,他不愿意突然到来的意外打乱自己的学业安排,觉得自己受伤了也可以咬牙坚持,只要努力,一样能够完成学业。

但是事实上,腰部受伤让小左的学习和生活受到很大影响。因为小左不能坐太久,上课变得很困难,他需要硬挺着才能熬过一天的课程。回到家他也只能趴在床上写作业，这样写作业的速度明显变慢了。小左不想放弃，写作业速度变慢，他就用更长的时间去完成，每天都学习到深夜。持续的带病学习状态，让小左异常疲惫。

小左总告诉自己："我这么努力，一定可以得到好成绩。"小左心里觉得自己超过他人的坚持和勤奋一定会有回报。

那个学期的期末考试，小左的成绩并不理想。拿到考试成绩的小左有些沮丧，但是他不接受老师和家长的安慰，觉得自己受不受伤不重要，只要更努力、更勤奋就能做得好。

到了初三，小左一天也不休息，按照自己的学习方法更加投入，报了很多课外培训课程，同学们都叫他"拼命三郎"。他每天早上五点半就起床晨读，晚上也坚持学到深夜。

小左很少和同学、老师交流，都是按照他自己的想法在学。但因为他太疲惫，听课的效率很低，老师经常看到小左上课走神。父母眼见着孩子的学习和身体状况越来越差，很担心，但是也不知道怎么帮小左。

STEP 1 识别"陀螺型自我认知"

信号一：偏执孤行

持有陀螺型自我认知的孩子，他们会主动制订计划和安排，让自己处于紧凑的满负荷的运转状态。此类孩子通常会有一套自己的方法，该方法倾向于刻板和固化。他们会近似偏执地重复使用这套办法，坚持自我的行为方式，不管是学习、娱乐、运动或者饮食习惯，他们都很少让自己做出调整和改变。

此类孩子这种投入的方式有时能在常规的学习中取得一定的效果，有时效果也不明显，但无论效果如何，孩子的方式都表现出明显的低效率。他们会特别坚持自己的这套方式，不会根据结果进行调整。父母可能会感受到孩子的刻板和偏执。当孩子需要处理学习和生活中发生变化的状况时，会表现出较为明显的固执和无效重复。孩子不承认自己所做的事情的失败，也不认为事情的成功除了需要个人努力，还有方法、行动方向以及环境等方面因素的影响。他们过分固执地想单凭自己时间和精力的投入去做成想要做的事情。

信号二：**否认失败和不确定性**

此类孩子会拒绝接受失败的结果。他们将失败的结果看作是自己时间和精力投入不够，强调如果自己再多投入一些结果就会改变。按照他们内在的经验和认知，他们认为所有的事情都可以通过自己时间和精力的投入来达成目标。如果出现失败，他们不认为这是最终结果，他们要做的不是接受失败，而是继续按照原有的方式投入更多。

同样不被这类孩子接受的还有不确定性，他们认为单凭自己的投入就可以改变和掌控一切，因此他们不接受内外环境改变所需要进行的自我调整，不接受客观不确定性对自己生活的改变。他们坚持认为凭着自己时间和精力的投入就能应对所有状况，就能避免失败和不确定；只要按照自己的方式不断投入，他们就可以始终待在自己原本可控的环境中。

心理学链接 专念 [10]

积极心理学家埃伦·兰格提出了专念的概念。专念是指个体头脑中的积极信念和认知。与不合理的认知导致消极情绪以及极端片面化的思维不同，专念可以帮助个体形成更加具有弹性、活力和成长性的自我认知。

STEP 2 解读"陀螺型自我认知"

内心最强音一：投入就能得到一切

持有陀螺型自我认知的孩子，他们最强烈的念头就是"投入就能做到一切我想做到的"，他们认为所有的目标都可以通过投入精力和时间来实现。事情没有取得预想的结果是因为自己投入的时间和精力不够。努力是万能的，自己能够应付所有的困境和任务，并获得自己预期的结果。他们不会客观看待环境、他人和自我等影响因素的变化，不判断自己目前所采取方法的适用性，不考虑是否需要调整自己的方式，不接受环境变化所带来的改变。

内心最强音二：我可以掌控环境

此类孩子想要用自我的投入来达到自己对环境的完全掌控。所谓掌控环境，就是孩子无须理会环境的改变，不管环境发生了什么变化，他们自有的方法都是万能的，能应对所有状况。孩子认为周围的一切都尽在掌握，不仅自己是可控的，环境和他人也是自己投入和努力就可以把控的。这种控制感使他们过于依赖自我的投入。同时，因为孩子希望自有的方法完全能够应付变化，因此他们不接受失控，有时会否认或者忽略明显不可控的状况，并将努力作为自我对抗的通用武器。

内心最强音三：回避失败

此类孩子认为所有的问题都可以通过投入努力而得到解决，所有的事情都会按照自己预想的方式发展。如果结果达不到预期，是因为自己投入的时间和精力还不够。他们觉得自己只要能投入足够多的时间和精力，就一定能达到目标。值得注意的是，孩子的这种思维和孩子遇到困难不轻易放弃的情况并不相同。孩子的这种思维所导致的是更多无效或者低效的重复投入，是一种盲目的努力；而遇到困难不轻易放弃则是一种积极的应对，孩子会为了解决问题而积极寻求办法，并不断尝试和调整——他们坚持不断地寻找解决困难的办法，而不是始终重复一种无效的办法。持有此类认知的孩子是看似努力，实则以无效的方式来回避失败。

STEP 3 探析"陀螺型自我认知"

心灵困扰一：适应变化困难

持有陀螺型自我认知的孩子，面对新的环境缺乏自我调节的能力，他们坚持用某种固有的方式来应对改变。面对环境或者生活的变化，孩子依然继续使用自有的固定办法，希望借助自己一贯的努力来解决。因此，孩子这种单一应对问题的方式，会让他们缺少适应变化的弹性。因为缺乏恰当的调整和适应的能力，他们在应对变化的状况时常常表现出明显的适应不良。

心灵困扰二：发展受限，缺少灵活性

孩子持有这类陀螺型自我认知，可能会使他们的发展受限。因为孩子面对困难和解决问题的思维中缺少弹性和适应性，因此他们会愿意待在自己熟悉的环境中，以此减少可能面对的适应和改变。他们应对自我和周遭变化的方式也因为缺乏灵活性而显得拙劣。他们对新的变化采取拒绝的态度，尽量收紧自我，不向外扩展，让自己远离可能遇到的改变和不确定性，可能因此而限制了自我的发展。

心灵困扰三：**盲目耗散心力**

孩子借助无效的努力来拒绝接受失败和不确定性，这实质上是一种回避。持有此类认知的孩子自己可能并没有意识到潜藏其后的自我回避。但是这种无效的努力会不断消耗孩子的能量，徒劳的坚持和无效的重复努力不能产生有效的行为。持有此类认知的孩子他们看上去很努力，但投入和产出严重不对等，他们的时间和精力没有用在积极有效的调整当中，而是白白耗散了心力。

破解"陀螺型自我认知"

积极处方一：**破除孩子的无效努力**

孩子经过努力解决问题、应对困难而达成目标，这样的经验会带给孩子关于自我的效能感和胜任力，为孩子的成长过程提供养分；孩子经过努力和尝试，最终虽然没有达成目标，但自己在这个过程中获得了改变和调整。这两类都是有效的努力。

而无效的努力，是孩子将自己的时间和精力投入一些旧有的但不适用于现实情况的方法，低效地重复。孩子并不能意识到自己在无效应对，也不能清晰地知道自己对改变和失败的回避。

对于可能存在这类认知困扰的孩子，父母需要引导他们意识到自己的无效努力模式，并从这种模式中跳出来。当孩子陷入无效努力时，父母要帮助他们及时中断这种努力，并寻求新的解决办法。

积极处方二：帮助孩子接纳不确定性

持有此类认知的孩子，他们依赖于无效努力来回避新的变化和不确定性状况。父母要引导孩子了解和认识生活中的不确定性，从小的方面入手，让孩子尝试着接受这些不确定性，从而逐渐找到自我调节的节奏和有效适应的办法。不确定性存在于孩子学习和生活的方方面面，小到天气变化、行程安排，大到突发事件和生活变故。孩子因为对秩序和确定性的依赖，所以夸大了不确定性的负面影响。父母可以帮助孩子认识到不确定性是生活中的常态，它们并不意味着不安全和危险，还可能带来好的改变契机。

积极处方三：避免给予孩子泛化的肯定

形成此类认知的孩子可能在成长中接受了比较多的不

恰当肯定——接受的肯定是没有具体支撑的泛化鼓励,比如父母习惯说的"你是最棒的""我们永远相信你""你肯定没问题""什么事情你都可以做到最好"等此类毫无具体所指的夸奖。这类反馈不能为孩子提供自我行为的客观检视,让他们不能对自己的行为效果进行判别。父母要避免给予孩子这一类的肯定鼓励,而应该提供给孩子基于具体事例的客观评价和建议,从而逐渐让孩子学会准确评估和判断自我行为。

心理学链接 专念的作用[10]

了解新的自我

持有专念的孩子,他们的内在生命具有弹性,有着流畅、融通和富有律动的节奏感。专念使孩子打破看待自己的固有方式,积极心理学家埃伦·兰格认为个体在成长的过程中,总是不断对各种事物进行分类和再分类,通过不断的分类来把握身处的世界。对于已经分类的事物,人们很少再重新审视,"除了进行心理治疗或碰到危机,我们一般不会去重新定义过去"。兰格认为,人们对原有的记忆和印象很少重新审视,这样个体很容易固化在过去的记忆和印象中,借助习惯化的思维模式认识和加工身边发生的事物。这种固化的思维模式和记忆总是概括化、绝对化的,缺少具体的细节和背景。但是专念可以唤起孩子了解新自我的内在意识，它可以使孩子关注情景的细节和背景，这种对细节的关注可以使孩子在整体印象中避免形成成见。

欢迎新的信息

专念引导孩子发展出对新信息持开放和欢迎的态度。具有专念意识的孩子能够用心倾听和观察自我，发现自我细微的变化，促使他们的行为更加有效。他们对自我的感知不是处于僵化的认知困扰中。他们欢迎所有关于自我的新经验和新感受，不会带着对自我的偏见屏蔽和阻拦对自我变化的感知，会对自我的改变拥有客观的感知。

多重视角

任何一种行为、动作和事件都至少可以有两种不同的解释。从不同的视角出发，同样的事件可以完全有不同的解读。当孩子持有专念时，他们选取了多种角度来认识和解释自己的行为，不再偏执于认知困扰这一种视角。这种多重视角的自我看待方式使孩子的思维更加灵活，可以多方位地了解和认识自己。当看待自己的方式变得灵活多元，一些固有的行为就更容易改变。孩子更少持有"我是一个什么样的人"的这样刻板、不可改变的自我心理定式，就更能打破心理定式，内在就变得流动，好的改变就更容易自然而然地发生。

STEP 5 "陀螺型自我认知"的转变要点

◎ 改变目标

引导孩子将自我认知从"努力投入就能得到我要的一切"转变为"努力会有所收获,适当调整方法会增加努力的有效性"。

◎ 探知认知困扰

请父母和孩子通过下面的步骤,完成对孩子认知困扰的探索。

(1)父母和孩子一起讨论,孩子心里有没有下面类似的想法和感受:

"努力投入就能得到一切。"
"我必须让周围有序和可控。"
"没有失败,我不接受失败。"
"我的办法没有问题,不需要调整。"
……

(2)父母邀请孩子一起谈论与这些想法有关的经历。比如:

对某一次成功或失败经历的看法和感受是什么样的?

对突发事情的接受、应对和处理是怎样的?

在事件中父母对孩子的反馈和建议是什么?

(3)父母邀请孩子一起谈论彼此的感受。

孩子的感受:

"那次成功/失败的经历当时带给我什么感受?"

_____

"我现在对这个经历有什么感受?"

_____

"只要努力就可以得到想要的一切,这个想法让我感觉怎么样?"

_____

父母的感受:

"听到你告诉我们这些经历,爸爸/妈妈是什么感受?"

_____

"听到你说努力就能得到一切,爸爸/妈妈是什么感受?"

_____

(4)父母邀请孩子一起讨论这个认知可能带来的困扰。

学习方面的困扰:_____

困境与破解

人际方面的困扰：＿＿＿＿＿＿＿＿＿＿＿＿＿＿＿＿

生活方面的困扰：＿＿＿＿＿＿＿＿＿＿＿＿＿＿＿＿

其他方面的困扰：＿＿＿＿＿＿＿＿＿＿＿＿＿＿＿＿

◎ 剖析认知困扰

（1）请孩子写下对努力的看法。

"我觉得我努力就可以得到想要的一切"，这个"努力"是

＿＿＿＿＿＿＿＿＿＿＿＿＿＿＿＿＿＿＿＿＿＿＿＿＿

（2）父母和孩子一起剖析他们关于努力的认知可能存在的问题。

是否存在绝对化？（看法中包含"一定""必须"……）

是否存在过分概括化？（"努力投入就能得到我要的一切"，有没有例外或者不能包含的？）

（3）根据上面孩子关于努力看法的问题，父母和孩子一起调整孩子的自我认知。

下面有一些例子，可以变换内容参考使用。

参考一

孩子原有想法："努力就能得到一切。"

孩子转变想法："努力是攻克难关的有力武器，但并不是万能

的，调整无效努力能让自己更好地发挥。"

参考二

孩子原有想法:"我必须让周围有序和可控。"

孩子转变想法:"不确定并不可怕，不妨尝试去接受它，我可以应对。"

参考三

孩子原有想法:"没有失败，我不接受失败。"

孩子转变想法:"失败不可避免，看看失败告诉我什么，这比拒绝它更有益。"

（4）转变之后，孩子的感受怎么样？

_____

（请结合心灵转变手账一起使用。）

问题扫描：习惯性逃避

孩子一遇到困境和压力，就会像乌龟一样，蜷缩起来回避。拒绝上学，沉迷网络和游戏，昼夜颠倒，暴饮暴食……他们是不敢面对，还是不会面对？父母该如何帮助孩子重新建立面对困境和压力的有效方式？

第九章 退缩型自我认知困扰
躲起来是最简单的方式

- 识别"退缩型自我认知"
- 解读"退缩型自我认知"
- 探析"退缩型自我认知"
- 破解"退缩型自我认知"
- "退缩型自我认知"的转变要点

困境与破解

> **故事片断**

离不开的手机

妈妈发现上初二的小宁用手机上网的时间明显变多了。白天,小宁在学校上课,学校不让用手机。放学一回到家,只要坐到书桌前,他就开始用手机或者电脑。

刚开始妈妈问起来,小宁说是因为现在很多课外培训采用线上形式,所以用手机和电脑的时间多一些。过了几周,妈妈发现小宁一回家就进到自己的屋里去,妈妈一进去他就会很不耐烦。

有一天晚上12点多,妈妈发现小宁还躲在被窝里看手机。为此,妈妈和小宁大吵了一架,妈妈说要没收他的手机,小宁当时情绪很激动。第二天,双方都冷静一些了,妈妈和小宁长谈了一次。小宁说,自从上了初二,他明显觉得学习很吃力,好几门课上课都听不懂。上课听不懂,回家作业就不会写,索性他就不想搞懂了。小宁告诉妈妈:"其实我玩手机也不干什么,就是玩一些简单的游戏。晚上玩得晚一些,第二天到课堂上才能困。要是不困,又听不懂,更难受。"

小宁妈妈很困惑，怎么才能帮小宁去突破这种逃避困境？

变形的食指

外面阳光很足，透过窗户，把房间晒得暖洋洋的。小七在屋子里，并没有感受到阳光的暖意，而是蜷缩着瑟瑟发抖。她坐在床边，两只耳朵被外面的吵闹声塞满了。外面吵得厉害，她用力想听清楚内容，刺耳的吵闹声又让她阵阵恶心。她把自己裹得更紧一些，一动不动，耳朵竖着。父母的争吵一声声传来。听到他们的争吵中提到自己，小七蜷缩的身体又裹紧了一点。

外面的争吵声一浪高过一浪，小七不敢开门出去。她不自觉地用右手抠着左手的食指，外面吵得越厉害，她就抠得越厉害。等到父母吵完了，小七才缓过神来，感觉到食指生疼。

记忆中上面的场景经常发生，外面的争吵总是让她紧张得不停抠手指，时间一长，食指已经被抠得有些变形。

门外父母的争吵，是她当时的世界里最恐惧的事情。以后每当遇到外来压力或者困难时，她就会不停地抠手指。她总是通过折磨和控制自己的身体，来感知周围的压力。曾经的那种恐惧和压力让她手足无措，无力应对。她不知道怎么去面对那些压力。

STEP 1 识别"退缩型自我认知"

信号一：逃避行为

持有退缩型自我认知的孩子，他们面对压力和困境时通常会出现逃避行为。比如，他们可能长时间不出房间，不愿意与外界接触，通过与环境隔绝来回避困境和压力。有时他们不一定表现出明显的人际回避，但是会出现与人交流减少，沉迷于网络、游戏等其他回避形式。

这类孩子缺乏有效解决问题的能力，面对问题和困境他们没有具体可行的解决办法，更缺少解决问题的勇气。他们退缩到自己的空间里，敏感地探知外面的世界。他们虽然回避问题和困难，但是问题和困难对他们的影响并不会消失。有些孩子会因为回避行为出现一些躯体反应，如发烧、头疼、呕吐等。

信号二：拖延行为

持有此类认知的孩子，一般会有程度不一的拖延表现。当面对问题和困难时，他们自己找不到有效的解决思路和办法，只能将任务和问题搁置。面对一项新任务，当他们感觉到有困难时，就会拖延着不开始。退缩型认知困扰和黑白型认知困扰产生的拖延不同，黑白型认知的孩子拖延是因为担心结果不够完美而不愿意开始，而退缩型认知的孩子拖延是因为他们习惯于选择逃避和退缩来应对问题。有的时候面对外来的压力和督促，孩子可能会口头答应，但是行动上依然表现出拖延。他们被困难堵在行动的路上，不知道该怎么迈步。

STEP 2 解读"退缩型自我认知"

内心最强音一：躲避比行动更简单

"躲起来是最简单的方式"，持有此类认知的孩子遇到问题就会退缩，回到自己的空间里，假装看不见周围的情况。这类孩子将躲避作为习惯化的应对方式，把自己藏起来。当然他们心里知道问题藏不住，只是假装没看见而已。持有此类认知的孩子，解决问题对他们而言是一件非常麻烦的事情，问题和困难总会被他们看作很难解决，面对一个不可解决的问题，当然躲起来比解决更简单。

内心最强音二：面对问题和压力的无力感

持有此类认知的孩子，可能有过应对外界压力和冲突失败的经历，因此他们认为，要面对外部的问题是非常困难的。一方面，外部世界可能充满了不安全因素，充斥着各种灾难、意外、问题和麻烦；另一方面，面对外界意味着要对抗，这个会让他们感觉到无力。不管是外界的不安全，还是对抗的状态，都会让孩子感觉无力。

内心最强音三：缺乏解决问题的办法

因为过去的失败经验，孩子对自己解决问题、应对压力和处理困境的能力存有质疑，他们认为自己没有能力处理这些问题和困难。持有此类认知的孩子可能会夸大问题和困难，他们还没看清楚问题是什么，就先入为主地认为解决问题非常麻烦；还没了解困境的实质，就自动退回到自我封闭的状态。他们缺少有效解决和处理问题的经验，不会主动寻求能帮到自己的办法。他们觉得自己唯一能应付的方式就是躲起来，假装这些问题不存在。

STEP 3　探析"退缩型自我认知"

心灵困扰一：不能应对压力和困境

持有退缩型自我认知的孩子，在面对挫折或者较大压力时不会选择正面应对，会用各种方式躲避和退缩。孩子对自己的退缩行为有所觉察，但是他们没有好的办法。在此类孩子看来，解决问题没有躲起来容易，他们已经形成习惯，从而很难采用新的积极应对方式。和陀螺型认知不同，退缩型认知的孩子非常清楚自己的逃避行为和所处的状态，他们也苦恼于自己的回避和退缩，但是他们习惯如此，虽然苦恼，但面对压力和困境时还是会自动优先选择回避。

心灵困扰二：出现因回避压力而导致的行为问题

此类孩子在退缩和逃避时，一直感受着外在问题和困境所伴随而来的压力。因为回避，他们的压力感可能会被强化，有些孩子可能选择吃甜食来获得压力的暂时释放和缓解，这种方式在短期内有一些效果，但长期来看，未被解决的压力感可能会转变成暴饮暴食等行为问题。还有些孩子会选择玩游戏和上网等其他回避方式，用玩简单重复的游戏，浏览网络短视频等方式消磨时间。其实面对这种消磨方式，孩子真实的感受是"其实很无聊，非常无聊"。这些回避压力的行为会进一步导致暴饮暴食、沉迷网络等行为问题。

心灵困扰三：出现抑郁等心理异常状况

长期的逃避和退缩，会使孩子缺乏对环境和生活的参与感与胜任感，体会不到自身的能力和价值，而一直处在压力所带来的负面情绪中。回避压力和问题虽然暂时让他们不用再面对困难，但是问题并没有得到解决，由此引发的压抑情绪、低自我效能感和消极的自我感受日积月累，容易让孩子产生抑郁、焦虑等心理异常状况。

STEP 4　破解"退缩型自我认知"

积极处方一：打破对孩子的过度保护和防备

在养育孩子的过程中，特别是在早期养育中，父母为了避免孩子受到伤害，可能把外界描述为危机四伏，"这个不可以摸，摸了会生病""这个不可以玩，有危险"，甚至有些父母会用欺骗的方式夸大或者编造外界环境的危险。孩子在尝试探索外界环境时，被太危险的警示所吞没，他们会变得小心翼翼，躲在父母后面偷偷地看着外面的世界，他们探索的主动性被过度保护和防备所压抑。当孩子表现出退缩型认知困扰时，父母可以和孩子一起查找是否曾被过度防备所影响。如果这种情况存在，父母需要和孩子一起从当下的环境出发，纠正孩子过度的自我防备，越早打破防备越能让孩子发展出突破困境的勇气。

积极处方二：引导孩子从解决小问题开始

父母的这种帮助可以分为两个方面：一方面帮助孩子学习分解任务、目标和困难，将一个大的、困难的任务分解为明确、可完成的小步骤，在逐步实践中帮助孩子形成这种化大为小的任务分解能力；另一方面有针对性地增强孩子解决问题的技能，这种技能可能是学习能力，也可能是沟通能力、表达能力，或者其他相关的各种技能。

积极处方三：积累解决问题的成功经验

父母要有意识地与孩子一起积累日常生活中解决问题的成功经验，通过引导孩子不断解决小问题，着力让孩子感受到问题解决过程中的成功感，从而激发出孩子解决问题、突破困境的内在动力。刚开始的时候，孩子回避和退缩的行为占主导，父母需要适当地"精心"安排和有心发现，才能和孩子一起找到日常生活中解决问题的经验。这个过程也是引导孩子从困顿于自我逃避的状态转变为关注自己行动和成功经验的过程，孩子这种视角的转变反过来也能促进积极改变的发生。

STEP 5 "退缩型自我认知"的转变要点

◎ 改变目标

引导孩子将自我认知从"躲起来是最简单的方式"转变为"躲起来不舒服，我能从小的方面开始解决遇到的问题"。

◎ 探知认知困扰

请父母和孩子通过下面的步骤，完成对孩子认知困扰的探索。

（1）父母和孩子一起讨论，孩子心里有没有下面类似的想法和感受：

"躲起来比面对它更简单。"

"我缺少解决问题的办法。"

"面对困境我觉得无力应对。"

……

（2）父母邀请孩子一起谈论与这些想法有关的经历。比如：

这些想法最初发生在什么时候？

那个时候发生了什么特别的事情？

周围的人对待这件事情的态度怎么样？

孩子是怎么产生这个想法的？

……

（3）父母邀请孩子一起谈论彼此的感受。

孩子的感受：

"这件事情发生的时候我有什么感受？"

_____

"我现在对这件事情有什么感受？"

_____

"躲起来我的感觉怎么样？"

_____

父母的感受:

"听到你告诉我们这些经历,爸爸/妈妈是什么感受?"
_____

"听到你说躲起来的感觉,爸爸/妈妈是什么感受?"
_____

(4)父母邀请孩子一起讨论这个认知可能带来的困扰。

学习方面的困扰:_____

人际方面的困扰:_____

生活方面的困扰:_____

其他方面的困扰:_____

◎ 剖析认知困扰

(1)请孩子写下自己的这类想法。

躲起来是_____

(2)父母和孩子一起剖析他们关于"躲起来是最简单的方式"的看法。

躲起来真的是最简单的方式吗?

躲起来真正带给孩子的是什么？

躲起来之后的孩子是什么样？

（3）根据上面孩子关于自我看法的问题，父母和孩子一起调整孩子的自我认知。

下面有一些例子，可以变换内容参考使用。

参考一

孩子原有想法："躲起来比面对它更简单。"

孩子转变想法："躲起来只是暂时闭上了眼睛，问题还在。这不是更简单了，而是新增了更多问题。"

参考二

孩子原有想法："我缺少解决问题的办法。"

孩子转变想法："试着找到解决问题的第一步，找到我可以做的，哪怕是一小步。"

参考三

孩子原有想法："面对问题，我觉得很无力。"

孩子转变想法："解决问题总会有困难，大问题可以分解成小问题，面对小问题我就能有解决的能力和办法了。"

（4）转变之后，孩子的感受怎么样？

_____

（请结合心灵转变手账一起使用。）

问题扫描：突然出现奇怪行为

突然之间，孩子表现出莫名其妙的奇怪行为。孩子的"叛逆"并不是无源之水，这些异常行为背后可能存在着某些他们不敢言说的恐惧。父母该如何找到这些怪异行为背后的根源，以帮助孩子远离心灵黑洞的困扰？

第十章 黑洞型自我认知困扰 恐惧如影随形

- 识别"黑洞型自我认知"
- 解读"黑洞型自我认知"
- 探析"黑洞型自我认知"
- 破解"黑洞型自我认知"
- "黑洞型自我认知"的转变要点

困境与破解

> 故事片断

看上去是考试焦虑

新年第一天,姥爷突然倒在地上,等送到医院,姥爷已经去世了。那时小文10岁。小文一家和姥姥姥爷一起生活,姥爷突然去世,妈妈担心姥姥一个人睡觉太孤单,就让小文陪姥姥睡。

小文回忆陪姥姥睡的那段时间里,自己的记忆只有一团漆黑。小文害怕,她不敢惊动姥姥,只能自己侧向墙壁,脸贴在墙上,紧紧地裹着被子。睡到半夜,小文突然就会惊醒,悄悄地听一听姥姥的动静:她很担心姥姥会突然没气息了。小文躺在姥姥旁边,紧张得不敢呼吸,周围黑漆漆一片。她缩进被窝里,把头蒙起来,过一会儿,觉得憋得太厉害了,又轻轻地探出脑袋。小文总是竖起耳朵听姥姥的动静,听到姥姥的呼吸声,她才能稍松一口气。有一次,姥姥好长时间都没有呼吸声,小文吓坏了,刚准备把手凑过去试试鼻息,姥姥突然长长地、重重地喘了一口气,就像是从黑夜里传出来的魔鬼的声音。

几年后小文中考,临考试之前,她突然觉得胸口很闷，喘不过气来。父母带她去医院检查，结果身体没有查出任何问题。医生说可能是考试压力造成的。

到了高二，这种胸闷的感觉越来越常见，有的时候小文会害怕自己突然就喘不上气来。到了高考前一天，小文突然开始想呕吐，心里堵得慌。当时把她吓坏了，晚上很晚才睡着。第一次高考就这么撑过来了，考得不太理想，所以复读了。

父母和小文都以为这是考试压力和焦虑引起的。后来再想起的时候，小文说："那种胸口很闷、喘不过气的感觉，就像当时躺在姥姥身边时的那种害怕的感觉，真的超级像。"

反叛全世界的小女生

那天之后，一切都彻底改变了。小多把头发剪得很短，在家把摇滚音乐的音量开到最大。她宁愿让爸爸骂自己是个疯子。

小多说："我就是疯了，我被憋疯了，但是我一个字都说不出来。他们以为我是青春期叛逆，哪有什么叛逆，我根本不知道有什么可叛逆的。我穿超短裙、露脐装，学校的老师拿我一点办法都没有，看着我直摇头。我像个瘟神，所有人都想避开我。我爸一见到我就想骂我。我爸和我妈都是当地有些脸面的人，我就像他们身上的耻辱牌，还每天在外面招摇。其实我心里比谁都讨厌我自己。但是我有什么办法呢？"

小多回忆起自己曾经的那段经历，好像在谈论一个淘气的孩子。她在放学回家的路上，被陌生的男人骚扰。这个突然的遭遇给了她闷头一棒，她觉得很难堪，认为自己从此"不干净了"。她开始时很害怕，但是不敢跟任何人讲。后来她开始用报复自己的方式来对待生活给自己开的这个"玩笑"。

跌跌撞撞、磕磕绊绊的三年多时间里，她尝试了所有让自己变得糟糕的事情——抽烟、穿奇装异服、谈恋爱、旷课……她成了大家眼里彻头彻尾的坏学生。周围没有人真正问过她为什么会变成这样，他们理所当然地认为她是"叛逆"，"不学好""自甘堕落的坏孩子"。她不去解释，也不知道该怎么解释。她拼命捣乱，来对抗这个世界，对抗一切，最终让自己遍体鳞伤。

一对一的恐惧

"小西这孩子太不爱学习了，成绩上不去，我们说给她报课外班，她又死活不同意。这孩子学习态度有问题。"小西的父母心急如焚地和老师联系，想让老师看看小西是不是有什么学习障碍。

时间回到两年前。那段时间，父母给小西报了几所学校的小升初选拔考试。小西虽然不是学习上很要强的孩子，但父母让她考试，她也不排斥。谁知道，第一所学校的考试题就把小西考懵了。她说："那是一个很大的阶梯教室，我坐在第二排靠近通道的位置。试卷一发下来，我就糊涂了。我拿着试卷，第一题不会，第二题不会，第三题还是不会。我有点慌了，感觉周围的人都在刷刷刷地答题，自己却像个外星人一样不知道题目在说什么。"

小西在小学阶段，成绩一直处于中等水平，每门课学得还算明白，还从来没有出现过拿着试卷下不去笔的情况。那次考试，小西勉强答了两道小题，就再也找不出来可以下笔的地方了。她只能一直坐在那里。"那次考试时间特别长，没有人提前交卷，我就硬撑着。那个椅子很硬，我坐在上面非常难受，来来回回盯着试卷上陌生的题目看，浑身不自在。突然，我感觉到一个老师站在我旁边，他好像停了有几分钟，然后叹了口气走开了。我觉得浑身像是被毛毛虫爬过一样奇痒无比，不由地打了一个寒噤。我把头埋得更低了，生怕抬头和老师的眼神对上。"小西忘了自己是怎么等到考试结束的，只是当时自己的窘迫感现在想起来还历历在目。

"那次考试太恐怖了，我感觉自己就想找个地缝儿钻进去躲起来。"从那以后，小西一见到老师就觉得紧张，特别是不熟悉的老师。她不能一对一地和不熟悉的老师面对面，她拒绝参加任何课后补习班。父母为此特别费解。

困境与破解

她自己最初也不知道原因,后来找到根源才恍然大悟,"那次考试,就是一场审判。对着试卷,满脑子空白的感受真不是滋味,会让人恨不得直接消失。"后来经过咨询辅导,小西对老师不合理的恐惧感得到有效的疏导后,他才开始接受一对一的课外辅导。

被打骂的恐惧

老师:"中间这个小人是你吗?"

小静:"嗯。"

老师:"她在中间很危险呢。"

小静:"他们一放手,她就掉下去了,下面就是深渊。"

老师:"他们是谁呢?"

小静:"爸爸,还有妈妈。"

老师:"爸爸和妈妈把你悬在深渊上面,你很害怕吧?"

小静:"嗯。"

老师:"爸爸妈妈就这样拉着你?"

小静:"嗯。不,是撕扯着我。"

老师:"那你在中间很难受吧?"

小静:"是。随时,我可能就被他们放开了。"

老师:"爸爸妈妈会放手吗?"

小静:"会吧,不会吧,会……"

小静的父亲生意很忙,常常喝醉酒回来大发脾气。妈妈经常因为这个和爸爸吵架。爸爸一喝醉酒,小静就不敢大声说话,她特别怕爸爸发脾气,"爸爸发脾气的时候,很凶,很凶,打得很疼"。妈妈有时也会打她。已经六年级的小静,说话时不敢看别人的眼睛,声音极细,说的话断断续续,还会突然中断。小静觉得自己处于危险的境地,自己的决定权在父母手里。父母的打骂让她被恐惧感和不安全感吞噬。

心理学链接 **童年影响**

人本主义心理学先驱阿尔弗雷德·阿德勒认为,童年经验会被个体先接纳,然后到一定时候才会被重新诠释。对童年经验的诠释会依据个体先前所认为的生命意义,即使这个时候个体所形成的生命意义存在谬误,即使个体处理问题的方法带给他们持续的痛苦,但个体通常都不会轻易放弃。对生命意义错误的解读会随着个体遇到的情景不断被检讨、识别和完善。

例如,童年时期所经历的痛苦经历可以被赋予完全相反的意义,有的个体将童年的不快乐视为一种特别的经历,是自己努力摆脱困境的经验,自己在这个经验中获得了成长和历练,经历的苦难让他具有更多应对困难的勇气。相反,同样的经历可能会被另一个体解读为"我太不幸了,我为什么运气总是这么差""命运

困境与破解

对我太不公平"。持有这类解读的个体，他们的生命经验中充斥着抱怨、不公平感、怨恨和愤愤不平。

因此，童年时期所形成的看法可能会影响他们一生，除非他们有机会重新审视和思考这些认知并调整他们。生活经验对个体没有太大用处，起决定作用的是个体赋予经验的认知和意义。童年记忆深刻影响着个体的认知。阿德勒提出，童年记忆涵盖了一个人对自己和环境最初的印象，更重要的是童年记忆是个体主观意识的起点，也是人生的起点。童年记忆的真实性没有任何意义，重要的是个体怎么记忆童年。

青春期是一种新的处境，它是对人的一种测试，把一个人在童年形成的性格特征暴露出来。

STEP 1 识别"黑洞型自我认知"

信号一：突然的特殊习惯和行为改变

遭遇过重大创伤的孩子，会突然表现出一些特殊行为习惯。这些习惯可能是当时被他们用来应对焦虑和恐惧的方式。比如，有的孩子会在嘴里念叨一些奇怪的话，有的孩子不管冷热都要盖着厚被子，有的孩子突然喜欢穿奇装异服，还有的一些孩子可能表现出怪异叛逆的行为，如抽烟、酗酒、文身等。当看到孩子有一些特殊的行为习惯表现出来的时候，父母需要细致观察，并通过侧面探知、了解孩子是不是经历了特别的事情。

信号二：应激身心反应

孩子遭遇创伤之后会承受巨大的心理压力，因此可能会出现一些应激反应。我们看到有一部分经历过亲人去世的孩子，在压力状况下，原来的恐惧经历会变成惊恐发作、焦虑、肠胃疾病等问题，还可能伴随出现冒冷汗、心颤、呼吸急促、急性皮肤过敏等躯体症状；还有一些孩子会有口吃、梦魇、啃咬手指等行为。这些现象提示孩子可能遭遇了较严重的创伤，需要父母特别留心关注。

STEP 2 解读"黑洞型自我认知"

内心最强音一：恐惧不可言说

很多父母不知道该如何和孩子谈论死亡，平时会回避死亡话题。当孩子在成长过程中遇到亲人或朋友去世，自己或身边的人患重病,都会引发孩子对死亡的感知。面对强烈的恐惧,孩子不能得到父母的回应。孩子似乎不能和父母正面谈及自己的恐惧,他们找不到谈论的对象。因为从小对死亡没有认识和了解,孩子不知道如何谈及自己的感受。父母可能会告诉他"小孩子不要胡思乱想",有些长辈还会认为跟孩子谈论这些事情是不吉利的。于是孩子心中关于死亡的疑虑被深深地隐藏起来。

对于经历的一些严重创伤事件,大部分孩子很难主动去描述事情的经过,巨大的冲击性的情感体验可能会造成他们对事件的记忆中断。在有些事件中如暴力攻击、强暴等,孩子还会遭受到恐吓,认为这是羞愧的事情,不能主动和父母交流。这样不可言说的恐惧就堵在孩子心里,成为创伤之外的困扰。

内心最强音二:改变的无力感

当孩子遭遇暴力攻击、强暴或其他重大创伤时,他们只能被动接受。面对突如其来的巨大打击,他们莫名其妙地承受着根本无力应对的遭遇。孩子不知道自己为什么会经历这些事情,他们更无法改变发生的一切。他们能够做的就是毫无抵抗的被动接受。面对突发的创伤事件,孩子的内心充满惶恐和无力感。

STEP 3 探析"黑洞型自我认知"

心灵困扰一:隐性破坏者

突如其来的创伤和遭遇会给孩子心灵带来强烈的冲击和改变。孩子本身并不能充分意识到遭受的冲击和改变,因此这些影响会变成潜在的隐性破坏者,并左右着孩子的认知、感受和行为。时间越长,隐藏越深,而孩子对于这些潜在的破坏者可能根本无所意识,也不能将日后行为、认知的塑造和之前的经历关联起来。

心灵困扰二:难以对抗的力量

正如本章故事片断中所看到的,不同的生活创伤和重大事件虽然影响的方面不同,孩子的表现也各异,但是共同之处在于,每一种影响都具有很强的力量。不管经历多长时间,当关联事件发生时,孩子的情绪体验和行为反应会异常强烈,而孩子自己对这种强烈的反应和表现无力控制和调整。

STEP 4 破解"黑洞型自我认知"

积极处方一：**为孩子提供正确的生命教育**

面对重要他人的去世，孩子的内心会感受到重大的丧失感和悲伤，夹杂着愧疚、后悔等复杂的情绪，以及因死亡而伴随的恐惧感。如果孩子的这些感受没有得到有效的处理，就会留下很深的创伤体验，单凭自己不能够自愈。当家里有人去世时，父母要认真地面对孩子的感受，还可以和孩子一起讨论讨论彼此的感受，共同处理亲人离世的丧失感。对于较幼小的孩子，可以借助绘本故事来为孩子提供需要的了解和支持。

生死学是一门每个人都应该学习的学问。每个人都需要追问生命的意义，探求死亡的本质，激发出孩子对于生命、死亡等人生规律的认识、理解和思考，唤起孩子对生命的敬畏和感恩。讨论面对有限生命个体所应该持有的生命态度，在我们的家庭教育中融入相关的教育，这样孩子才能更好地面对死亡、疾病等生命议题。

积极处方二：**帮助孩子处理重大创伤**

成长过程中如果孩子遭遇严重创伤，如校园霸凌、暴力、亲人突然离世等，他们的感受会非常强烈，但是基于各种原因，他们通常不会主动表达。孩子可能对创伤经历只是轻描淡写一两句，这样很容易被父母忽略。孩子一般没有应对严重创伤的有效方式，他们的恐惧、焦虑、哀伤需要得到积极、正确的疏导。父母帮助孩子正确地处理重大创伤是调整孩子认知困扰，避免黑洞型认知的前提。如果父母不太了解或者觉得处理起来有困难，建议寻求专业的青少年心理咨询师的帮助。

积极处方三：正确解读孩子的行为

对于孩子的怪异行为，父母往往会做出标签化的判断——青春期叛逆，没把心思放在学习上，交了不好的朋友，等等。孩子内在的恐惧、焦虑和压力没有被看见，他们也不知道如何向外界诉说和求助，就只能用幼稚的方式去反抗。这种反抗又被当作叛逆而被打压，从而给他们带来新的挫败和控制。因此，父母需要正确解读孩子的异常行为，不要用标签掩盖其行为背后可能经历的创伤体验。对于孩子来说，他们每一种刻意夸张、不符合规范的行为背后，只要父母愿意用心感受，耐心去听，就能了解缘由，从而可以帮助孩子解决根本问题，破除黑洞对孩子的吞噬。

STEP 5 "黑洞型自我认知"的转变要点

◎ 改变目标

引导孩子将自我认知从"恐惧如影随形"转变为"那是曾经的一次经历，不是全部的生命体验，我依旧能够行走在阳光下"。

◎ 探知认知困扰

请父母和孩子通过下面的步骤，完成对孩子认知困扰的探索。

（1）父母和孩子一起讨论，有没有发生过一些让孩子觉得害怕和恐惧的事情。

（2）父母邀请孩子一起讨论某些特殊的经历。比如：

上述事情最初发生在什么时候？
那个时候发生了什么特别的事情？
（不管经历是什么，孩子都可以告诉父母。）

（3）父母邀请孩子一起谈论彼此的感受。

孩子的感受：

"那件事情发生的时候，我有什么感受？"
_____

"我现在对那件事情有什么感受？"
_____

父母的感受：

"听到你告诉我们这些经历，爸爸/妈妈是什么感受？"
_____

"听到你说自己害怕/恐惧，爸爸/妈妈是什么感受？"
_____

（4）这些经历现在还带来什么困扰？
_____

◎ 剖析认知困扰

（1）请孩子写下自己关于恐惧的看法。

恐惧是_____

（2）父母和孩子一起找到战胜恐惧的勇气。

"和爸爸/妈妈说过这次经历之后，感觉怎么样？"

"爸爸/妈妈陪着你，会觉得更有力量吗？"

……

（3）父母和孩子一起调整孩子的自我认知。

下面有一些例子，可以变换内容参考使用。

参考一

孩子原有想法："恐惧不可言说，不能和任何人说。"

孩子转变想法："那些让自己害怕的事情可以和爸爸妈妈讲，慢慢说出来，我会感觉好一些。"

参考二

孩子原有想法："我无力改变任何事。"

孩子转变想法："不管经历了什么，都不用害怕。这些不是我的错，我可以改变对它的态度。"

（4）转变之后，孩子的感受怎么样？

_____

（请结合心灵转变手账一起使用。）

参考文献

[1] 维果茨基. 维果茨基全集 [M]. 郑发祥，等译. 合肥：安徽教育出版社，2016：592.

[2] 富东燕. 抑郁低龄化、青少年患病率增高 如何让孩子远离"少年的烦恼"[N]. 中国妇女报，2020-11-30.

[3] 傅小兰，张侃. 中国国民心理健康发展报告（2019-2020）[M]. 北京：社会科学文献出版社，2021.

[4] 苏现彪，等. 中国青少年心理亚健康状态检出率的 Meta 分析 [J]. 中国儿童保健杂志，2021，29（06）：645-649.

[5] 辛自强，池丽萍. 当代中国人心理健康变迁趋势 [J]. 人民论坛，2020（1）：46-50.

[6] JERRY M.BURGER. 人格心理学 [M]. 陈会昌，译. 8 版. 北京：中国轻工业出版社，2018.

[7] 加德纳. 多元智能新视野 [M]. 沈致隆，译. 杭州：浙江人民出版社，2017.

[8] 罗杰斯. 论人的成长 [M]. 石孟磊，等译. 2 版. 北京：世界图书出版公司，2018.

[9] 弗洛姆. 爱的艺术 [M]. 刘福堂，译. 上海：上海译文出版社，2018.

[10] 兰格. 专念：积极心理学的力量 [M]. 王佳艺，译. 杭州：浙江人民出版社，2012.